Professor Armin Löwe

Hörenlernen im Spiel

Praktische Anleitungen für Hörübungen
mit hörgeschädigten und
wahrnehmungsgestörten Kindern
im Vorschulalter

In Anlehnung an das Buch „Play it by Ear!"
von Adgar L. Lowell und Marguerite Stoner

5. Auflage
Mit 49 Bildern

EDITION MARHOLD
IM WISSENSCHAFTSVERLAG VOLKER SPIESS

© 1990 Edition Marhold im
Wissenschaftsverlag Volker Spiess, Berlin
Druck: WB-Druck, Rieden
ISBN 3-89166-110-X

Inhalt

Vorwort ... 5
A. Hörerziehung und Höruntersuchungen im Kleinkindalter ... 7
   1. Hörerziehung im Kleinkindalter ... 7
      a) Frühe Hörerziehung im Kindergarten und in der Haus-Spracherziehung ... 7
      b) Welches Ziel verfolgt die frühkindliche Hörerziehung? ... 10
   2. Höruntersuchungen bei Kleinkindern ... 14
      a) Die Durchführung der Untersuchung in Hals-, Nasen-, Ohrenkliniken sowie in Pädoaudiologischen Beratungsstellen ... 14
      b) Die Vorbereitung auf die Untersuchung ... 19
   3. Die beiden Wege der frühkindlichen Hörerziehung ... 24
      a) Die beiläufige Hörerziehung ... 24
      b) Die planmäßige Hörerziehung ... 28
B. Die methodische Gestaltung der planmäßigen Hörerziehung ... 31
   1. Übung: Wir hören den Wecker ... 31
   2. Übung: Wir hören das Telefon ... 36
   3. Übung: Wir achten auf das Husten und Niesen ... 39
   4. Übung: Schnell und langsam ... 42
   5. Übung: Wir spielen Indianer ... 46
   6. Übung: Wir lernen Tierstimmen unterscheiden ... 49
   7. Übung: Wieviel? ... 52
   8. Übung: Ringe und Dinge ... 54
   9. Übung: Wir schwenken Fahnen ... 58
  10. Übung: Laute und leise Musik ... 60
  11. Übung: Musik macht Spaß ... 64
  12. Übung: Rhythmische Instrumente ... 66
  13. Übung: Wir parken das Auto ... 68
  14. Übung: Wie laut ist es? ... 71
  15. Übung: Wir suchen das richtige Gesicht ... 74
  16. Übung: Hoch und tief ... 78
  17. Übung: Wir unterscheiden Worte ... 81
  18. Übung: He! ... 84
  19. Übung: Das Handpuppenspiel ... 86
  20. Übung: Wo ist Mama? ... 89
  21. Übung: Wo sind die anderen? ... 92
  22. Übung: Das Zusammensetzspiel ... 94
  23. Übung: Wir hören Sätze ... 98

24. Übung: Weitere Satzübungen 101
25. Übung: Der Bilderbaum 104
26. Übung: Hallo und Aufwiedersehen 107
27. Übung: Wo ist der Ball? 110
28. Übung: Wir hören im Freien 113
29. Übung: Rechts oder links? 116
30. Übung: Wo bin ich? 118
C. Literatur 119
D. Bildnachweis 122

Vorwort

Seit Einführung der pädaudiologisch orientierten Früherziehung für hörgeschädigte Kleinkinder sind Eltern, Kindergärtnerinnen, Logopädinnen sowie Gehörlosen- und Schwerhörigenlehrer(inne)n in zunehmendem Maße von der Wichtigkeit einer schon in der frühen Kindheit einzusetzenden Hörerziehung überzeugt. Sie alle wissen, daß Erfolg oder Mißerfolg bei ihrem Bemühen um die sprachliche Förderung hörgeschädigter Kinder in einem engen Zusammenhang mit der Ausnützung selbst der kleinsten Hörreste stehen.

Die frühe Hörerziehung hat heute allgemeine Anerkennung gefunden. Ihre Notwendigkeit wird von niemandem mehr bestritten. Dazu hat nicht zuletzt auch die von Jahr zu Jahr besser gewordene und noch immer besser werdende frühe Hörgeräteversorgung beigetragen.

Hörerziehung bei schwerhörigen und resthörigen Kindern verlangt viel Zeit, Geduld, Ausdauer und Liebe; sie setzt aber auch ein fundiertes Wissen um die dabei einzuschlagenden Wege voraus. Ein möglicher Weg wird in diesem Buch aufgezeigt, nämlich der des Hörenlernens im Spiel. Andere Wege werden von mir in dem in Vorbereitung befindlichen Buch *„Hörerziehung für hörgeschädigte Kinder: ihre Geschichte, ihre Methoden, ihre Möglichkeiten"*, das als Handreichung für Eltern, Pädagogen und Therapeuten gedacht ist, beschrieben.

Die Mehrzahl der in diesem Buch dargelegten Hörübungen für hörgeschädigte und wahrnehmungsgestörte Kinder vorschulpflichtigen Alters — manche Übungen sind auch noch für Grundschüler geeignet — wurde mit freundlicher Genehmigung der Verfasser dem von der John Tracy Clinic in Los Angeles herausgegebenen Buch *„Play it by ear!"* entnommen. Für die bereitwillige Zustimmung, dieses Buch für deutsche Verhältnisse überarbeiten zu dürfen, sei auch an dieser Stelle, wie schon beim Erscheinen der ersten Auflage im Jahre 1966, meinem Freund und Kollegen Prof. Dr. *Edgar Lowell* und seiner Mitarbeiterin *Marguerite Stoner* herzlich gedankt.

Fast alle der in diesem Buch veröffentlichten Übungen wurden von mir in den frühen sechziger Jahren in der damals von mir aufgebauten und über schwierige Anfangsjahre hinweg geleiteten Pädaudiologischen Beratungsstelle für Eltern hörgeschädigter Kleinkinder in Heidelberg auf ihre Brauchbarkeit bei hörgeschädigten Kindern im deutschsprachigen Mitteleuropa erprobt. Dabei stellte sich heraus, daß nicht wenige Übungen eine gewisse Abwandlung erfahren mußten. Andere erwiesen sich als bei uns kaum durchführbar und wurden deshalb weggelassen. So aber mußte die ursprüngliche Absicht, das genannte Buch wörtlich zu übersetzen, fallen gelassen und es gänzlich neu bearbeitet werden.

„Hörenlernen im Spiel" hatte in einem Zeitraum von nur fünfzehn Jahren insgesamt vier Auflagen erlebt. Seit vielen Jahren ist es vergriffen. Um der noch immer vorhandenen Nachfrage zu entsprechen, soll es jetzt erneut aufgelegt werden. Daß es auch in seiner fünften Auflage möglichst vielen Eltern, Kindergärtnerinnen, Logopädinnen sowie Gehörlosen- und Schwerhörigenlehrer(inne)n bei ihrem Bemühen um die geistige und sprachliche Förderung hörbehinderter Kinder eine wirksame Hilfe sein möge, wünsche ich für diese Kinder und ihre Betreuer.

Heidelberg, Herbst 1990   *Prof. Armin Löwe*

A. Hörerziehung und Höruntersuchungen im Kleinkindalter

1. Hörerziehung im Kleinkindalter
a) Frühe Hörerziehung im Kindergarten und in der Haus-Spracherziehung

Fachpädagogen für hörgeschädigte Kinder haben sich zu allen Zeiten mit den Fragen der Hörerziehung beschäftigt. Ihr Für und Wider wurde von ihnen in zahlreichen Veröffentlichungen und auf vielen Tagungen erörtert. Im Vergleich dazu nahmen sich allerdings die schulpraktischen Bemühungen um die Hörerziehung bis in die jüngste Zeit hinein recht bescheiden aus. Dies wurde erst anders, als sich dank der großen Fortschritte der Technik in den Jahren nach dem zweiten Weltkrieg eine Vielzahl neuer Hilfen anbot. So bekam die Hörerziehung von der Technik neue Impulse.

Auf einer der ersten Tagungen des Bundes Deutscher Taubstummenlehrer nach 1945 erörterte Direktor *Steinbauer* vom Taubstummeninstitut in Straubing 1952 in Heidelberg die Frage, welche Hilfen die moderne Technik beim Unterricht hörgeschädigter Kinder bieten kann. Zwei Jahre später veröffentlichte er seinen vielbeachteten Aufsatz über den schulpraktischen Einsatz der technischen Hilfsmittel in der Hörerziehung. Zeitbedingt empfahl *Steinbauer* damals folgenden Weg: In den ersten drei Schuljahren Sprechen an das Ohr und erst danach Einsatz der Hörsprechanlage. Das Ziel sah er in der Ausstattung des hörgeschädigten Schülers mit einem individuellen Hörgerät am Ende der Schulzeit.

Der von *Steinbauer* 1954 aufgezeigte Weg galt ausschließlich für die Arbeit in der Schule. Er kannte noch keine Hörerziehung im Vorschulalter. Das Kindergartenkind fand noch keine Erwähnung. Dies darf nicht weiter verwundern, waren es doch damals erst ganz wenige Schulen, die bereits einen Kindergarten für hörgeschädigte Kleinkinder besaßen.

Wo in der Folgezeit Kindergärten entstanden, bemühte man sich in der Regel auch um die Ausnützung der Hörreste der darin betreuten Kleinkinder. So verwendete der damalige Leiter des Kindergartens der Staatlichen Gehörlosenschule Heidelberg-Neckargemünd schon im Frühjahr 1957 für die Hör- und Spracherziehung der von ihm geförderten Kinder eine Gruppen-Höranlage, die auf Anregung eines Heidelberger Fachpädagogen von den Siemens-Reiniger-Werken eigens für die Arbeit in Kindergärten entwickelt worden war. In einem ersten Erfahrungsbericht schrieb *Fischer* über den Wert dieser Anlage: „Die Arbeit mit dem Hörtrainer erleichtert dem Kindergartenkind das Mundablesen. Die meisten Kinder kommen durch seine Hilfe rascher zur Stimmgebung und zur imitativen Artikulation als dies früher der Fall war."

1958 fand in Manchester ein internationaler Kongreß statt, der sich mit der modernen erzieherischen Behandlung hörgeschädigter Kinder befaßte. Die Früherziehung und die Hörerziehung waren die beiden Hauptthemen dieses für die Erziehung und Bildung der hörgeschädigten Kinder überaus wichtigen Kongresses. Ein unmittelbares Ergebnis dieser wegweisenden Veranstaltung war die Einführung der frühen Haus-Spracherziehung für hörgeschädigte Kleinkinder in Deutschland. Mit ihr begann ein ganz neuer Abschnitt in der Betreuung hörgeschädigter Kinder. Nun sind, wie ich an anderer Stelle aufgezeigt habe *), Haus-Spracherziehung und Hörerziehung untrennbar miteinander verbunden. So aber war die Einführung der frühen Haus-Spracherziehung für das hörgeschädigte Kleinkind gleichzeitig auch der Beginn der frühkindlichen Hörerziehung.

Hörerziehung mit und ohne apparative Hilfen

Die frühkindliche Hörerziehung kann auf zwei verschiedene Arten erfolgen, nämlich mit oder ohne apparative Hilfen. Mit anderen Worten: Das Kind kann Hörerziehung erhalten entweder durch Sprechen, Singen oder Darbieten anderer akustischer Reize an das Ohr bzw. in der Nähe des Ohres (= ad concham) oder durch Übertragung dieser Reize mit Hilfe eines Verstärkers. Dabei kann es sich sowohl um ein bzw. zwei individuelle Hörgeräte als auch um einen kleinen Tischverstärker (= Hörtrainer) handeln.

Jede der beiden erwähnten Arten der Hörerziehung hat ihre Vor- und Nachteile. Eine Gegenüberstellung dieser Vor- und Nachteile soll uns erkennen lassen, von welcher Art der Hörerziehung wir für das hörgeschädigte Kleinkind die größeren Erfolge erwarten dürfen.

Die Vor-und Nachteile einer Hörerziehung ad concham

a) Vorteile:
   aa) Sie verursacht keine Kosten.
   bb) Sie verlangt keinerlei technisches Verständnis.
   cc) Sie ermöglicht neben der Ausnützung aller Hörreste auch noch ein Ansprechen der Tastfühlsphäre (nach Erwin *Kern*).
   dd) Die Hörreste werden im Rahmen des Möglichen in ihrer gesamten Frequenzbreite ausgenützt.

b) Nachteile:
   aa) Bei der Hörerziehung ad concham kann das Kind nicht gleichzeitig auch auf den Mund des zu ihm Sprechenden sehen. Man kann dies

---

*) Löwe, Armin: Haus-Spracherziehung für hörgeschädigte Kleinkinder; Marhold-Verlag, Berlin, 2. Auflage, 1965, 8,20 DM.

wohl dadurch zu erreichen versuchen, daß man als Sprecher gemeinsam mit dem Kind in einen Spiegel sieht. Viele Kleinkinder benützen eine solche Situation jedoch zu Albereien, so daß eine Hörerziehung auf diesem Wege in der Regel bei Kleinstkindern illusorisch bleibt.

bb) Bei der Hörerziehung ad concham kann immer nur ein Ohr angesprochen werden. Ein stereophones Hören ist nicht möglich.

cc) Viele Kinder wehren sich gegen den beim Sprechen an das Ohr erforderlichen engen körperlichen Kontakt.

dd) Ein Sprechen an das Ohr ist immer nur für kurze Augenblicke möglich. Im Laufe eines Tages sind es meist nur wenige Minuten, die einem Kind auf diese Weise Anteil an der akustischen Welt geben.

ee) Ein Sprechen an das Ohr erfordert, daß die Mutter immer wieder zum Kind gehen muß. Nur wenige Mütter können die hierfür notwendige Beharrlichkeit aufbringen. Ihr Bemühen läßt erfahrungsgemäß bald nach, weil man ihnen damit auf die Dauer etwas Unmögliches zumutet.

Die Vor- und Nachteile einer apparativen Hörerziehung

a) Vorteile:

aa) Ein Kind mit Hörgerät ist jederzeit ansprechbar.

bb) Die Hörerziehung kann bei Einsatz von zwei Hörgeräten auch stereophon, bei Einsatz eines Hörgerätes mit Zwillingsschnur und zwei Hörern auch binaural erfolgen.

cc) Die Ausnützung der dem Kind noch verbliebenen Hörfähigkeit ist auch noch über eine gewisse Entfernung hinweg möglich.

dd) Hören und Sehen können immer gleichzeitig und auf ganz natürliche Weise angeregt werden.

ee) Die Hörerziehung mit Hörgeräten erstreckt sich in der Regel auf viele Stunden am Tag.

b) Nachteile:

aa) Die Anschaffung vor allem zweier Hörgeräte verlangt von vielen Eltern zusätzlich zu den Leistungen der Kassen und Sozialbehörden noch finanzielle Opfer, da diese die Notwendigkeit des gleichzeitigen Einsatzes zweier Geräte häufig nicht einsehen und deshalb nur für ein Gerät Zuschuß leisten.

bb) Hörgeräte sind in ihrer Leistungsfähigkeit je nach Art des Gerätes begrenzt.

cc) Ihr Einsatz verlangt auf Seiten der Eltern ein Minimum an technischem Verständnis.

Diese knappe Gegenüberstellung der Vor- und Nachteile der beiden im Frühkindalter möglichen Arten der Hörerziehung läßt deutlich erkennen, daß die apparative Hörerziehung gewisse Vorzüge hat, die uns diese Art der Hörerziehung gegenüber der Hörerziehung ad concham als wirksamer und kindgemäßer erkennen läßt. Diese Vorzüge werden noch deutlicher, wenn wir uns die Frage vorlegen, worum es bei der frühkindlichen Hörerziehung vornehmlich geht.

b) Welches Ziel verfolgt die frühkindliche Hörerziehung?

Auf diese Frage kann hier nur kurz eingegangen werden. Eine eingehende Beantwortung wird in meinem Buch über „Haus-Spracherziehung für hörgeschädigte Kleinkinder" sowie in einer in Vorbereitung befindlichen Monographie über „Die frühkindliche Hörerziehung" gegeben.

a) Die frühkindliche Hörerziehung will die dem hörgeschädigten Kind noch verbliebene Hörfähigkeit in der dafür geeignetsten Lebensphase ausnützen.

b) Sie will dem hörgeschädigten Kind zu einer rascheren Ausbildung des Sprachverständnisses verhelfen, als dies nur über das Ablesen allein möglich wäre.

c) Sie will die natürlichen Grundlagen für das spätere Sprechenlernen beleben.

d) Sie will die geistig-seelische Entwicklung des hörgeschädigten Kindes im Rahmen des Möglichen in normalen Bahnen halten.

Diese Antworten seien nunmehr näher umschrieben:

Zu a) Die frühkindliche Hörerziehung will die dem hörgeschädigten Kind noch verbliebene Hörfähigkeit in der dafür geeignetsten Lebensphase ausnützen.

Die normale Genese des Hörens beruht auf ganz bestimmten anatomischen, physiologischen, psychologischen und umweltbedingten Voraussetzungen. So muß das Kind nicht nur über ein in allen seinen Teilen vollständiges anatomisches Instrumentarium verfügen, sondern dieses muß auch mit den erforderlichen biochemischen Stoffen versorgt sein, wenn es aktiviert werden soll. Das Kind muß wahrnehmbare akustische Reize empfangen, aber diese auch deuten können. Dies kann es nur, wenn es Gelegenheit hatte, eine gewisse Anzahl akustischer Schemata zu erwerben, die es ihm ermöglichen, einen wahrgenommenen akustischen Reiz mit früheren Erfahrungen in Verbindung zu bringen. Seine Fähigkeit zur Interpretation der Reize beruht neben den erwähnten umweltbedingten Voraussetzungen aber ganz sicher auch noch auf einer gewissen angeborenen Intelligenz.

Wie jede andere geistige Funktion beruhen Hören und Verstehen, mag es sich dabei um akustische Gebilde sprachlicher oder nicht sprachlicher Art handeln, auf Reife und Lernen. Die Londoner Otologin Edith *Whetnall* hat die

Frage aufgeworfen nach den Beziehungen von Reife, die vorwiegend eine neurologische und physiologische Entwicklung darstellt, und Lernen, welches eine psychologische Entwicklung ist. Beide entwickeln sich parallel. Und doch besteht Grund zu der Annahme, daß die normale Reife des Zentralnervensystems in einem gewissen Umfang abhängig ist von der Qualität oder Quantität der Reize, die es empfängt. So weist *Whetnall* darauf hin, daß es kurze, kritische Perioden im Reifevorgang gibt, innerhalb derer für die Entwicklung der verschiedenen psychologischen Funktionen besonders günstige Voraussetzungen bestehen.

Die entscheidende Periode für das Hörenlernen liegt ganz sicher in den ersten Lebensjahren. Es erscheint darum zwingend, dem hörgeschädigten Kind schon in dieser Zeit die akustische Welt zu erschließen.

Es ist allgemein bekannt, daß ein Kind, sofern es die erforderliche Reife dazu hat, eine Fertigkeit um so leichter erlernt, je früher damit begonnen wird. Dies gilt auch für das Hörenlernen. So werden die Forderungen, die *Whetnall* im Hinblick auf die Hörerziehung stellt, verständlich:

aa) Die Sprache muß für das Kleinkind laut genug wahrnehmbar sein. Es kann darum in der Regel nicht auf ein Hörgerät verzichtet werden, sofern es sich nicht um eine nur leichtgradige Hörbehinderung handelt.

bb) Die Sprache muß oft genug gehört werden können. Ein nur gelegentliches Sprechen an das Ohr ist nicht ausreichend.

cc) Die Sprache muß in dem hierfür ansprechbarsten Lebensabschnitt gehört werden können, d. h. während der ersten drei Lebensjahre, von denen das erste das wichtigste ist.

Zu b) Die frühkindliche Hörerziehung will dem hörgeschädigten Kind zu einem rascheren Erwerb des Sprachverständnisses verhelfen, als dies nur über das Ablesen allein möglich wäre.

Voraussetzung für die rasche Anbahnung des ersten Sprachverständnisses in der frühen Kindheit sind auch beim vollsinnigen Kind das Vorhandensein zweier Wahrnehmungsgerichtetheiten, nämlich der Antlitzgerichtetheit und der Hörgerichtetheit. Fehlt auch nur eine dieser beiden Gerichtetheiten, so bleibt die Sprachentwicklung mehr oder weniger gehemmt. Die verzögerte Sprachentwicklung des sehgeschädigten sowie die ausbleibende Sprachentwicklung des hochgradig hörgeschädigten Kleinkindes legen davon eindeutig Zeugnis ab. Darum ist es ein wichtiges Anliegen, beim hörgeschädigten Kleinkind in der frühen Hör- und Spracherziehung diese beiden Gerichtetheiten auszubilden. Viele hörgeschädigte Kleinkinder besitzen im Alter von einem Jahr eine ausgeprägte Antlitzgerichtetheit, verlieren sie jedoch später wieder, wenn sie nicht gepflegt wird. Dasselbe gilt in einem gewissen Maße auch für die potentiell bei vielen hörgeschädigten Kindern in Bereitschaft liegende Hörgerichtetheit.

Aus der Antlitzgerichtetheit und aus der Hörgerichtetheit entwickelt sich allmählich über das erste Ablesen und Hören das Sprachverständnis. Diese

Entwicklung zu fördern ist die wichtigste Aufgabe der pädoaudiologisch orientierten Haus-Spracherziehung. Dabei können individuelle Hörgeräte wertvolle Dienste leisten.

Ein Kind, mag es nun normal hören oder hörgeschädigt sein, kommt allerdings nur dann zum Sprachverständnis, wenn es immer wieder angesprochen wird. Das hörgeschädigte Kleinkind mit Hörgeräten ist, wie schon erwähnt wurde, jederzeit ansprechbar. Auch wenn sein Hören noch keinesfalls ein Hören im Sinne von Verstehen ist und es möglicherweise bei hochgradiger Hörschädigung niemals ein solches werden kann, so vernimmt es doch mit Hilfe seines Hörgerätes, wenn es von seiner Mutter angesprochen wird, und zwar auch dann, wenn es die Mutter nicht sieht. Es dreht sich um und schaut die Mutter an, ohne daß diese zuerst zu ihm kommen und es vielleicht gar noch anstoßen muß. Die Erziehungssituation wird somit aber eine ganz andere, die Möglichkeit der sprachlichen Ansprechbarkeit eine viel größere. Der Gesichtskreis des Kindes erweitert sich dank der akustischen und bzw. oder vibratorischen Hinweise auf 360 Grad. Die Hörbereitschaft verhilft ihm im erforderlichen Augenblick zur Antlitzgerichtetheit.

So übernehmen die Hörgeräte eine wichtige Hinweisfunktion. Die akustischen bzw. vibratorischen Reize lenken die Aufmerksamkeit des Kindes auf die Erscheinungen seiner Umwelt, vor allem auf das Gesicht seiner Mutter. Hätte es keine Hörgeräte, würden ihm viele sprachliche Anregungen entgehen. Vornehmlich durch ihre Hilfe wird es zu einem sprachgerichteten Kind.

Zu c) Die frühkindliche Hörerziehung will die natürlichen Grundlagen für das spätere Sprechenlernen beleben.

Vor Jahren hat der niederländische Pater *van Uden* in einem Erfahrungsbericht über die Haus-Spracherziehung darauf hingewiesen, daß diese der einzige Weg ist, um das hörgeschädigte Kleinkind vor dem Verstummen zu bewahren. Sie kann der Verstummung vorbeugen, allerdings nur dann, wenn das Kind seine eigenen stimmlichen Äußerungen selbst wahrnehmen kann. Dies ist in der Regel nur dann der Fall, wenn es ein Hörgerät trägt. Erst dann wird bei einem hörgeschädigten Kind der sogenannte sensu-motorische Kreisprozeß wirksam.

Wir alle, die wir ein normales oder noch annähernd normales Hörvermögen besitzen, kontrollieren unser Sprechen mit Hilfe dieses Kreisprozesses. Alle Informationen über die Lautstärke, Tonhöhe und andere Qualitäten unseres Sprechens werden über unsere Ohren dem Gehirn zugeleitet. Wird dort registriert, daß unser Sprechen in einer bestimmten Situation zu laut oder zu leise, zu langsam oder zu schnell ist, wird es mit Hilfe des sensumotorischen Kreisprozesses korrigiert. Dieser Kreisprozeß ist eine conditio sine qua non nicht nur für unsere eigene Sprechkontrolle, sondern er war es auch für unser Sprechenlernen in der frühen Kindheit.

Ist der sensu-motorische Kreisprozeß infolge einer Hörschädigung bei einem Kind noch nicht in Gang gekommen oder wieder unterbrochen worden, müßte man versuchen, ihn durch Einsatz vor allem individueller Hörgeräte herzustellen bzw. wiederherzustellen.

Ein Hörgerät hat ja immer zwei Funktionen zu erfüllen. Es soll einem hörgeschädigten Kind nicht nur die Wahrnehmung dessen, was andere sprechen, sondern auch die Wahrnehmung seiner eigenen Stimme und damit auch eine gewisse Kontrolle über sie ermöglichen. Die Herbeiführung dieses sensumotorischen Kreisprozesses kann für das Sprechenlernen eines hörgeschädigten Kindes von vitaler Bedeutung sein. Dank seiner Wirksamkeit kommen nicht wenige hochgradig hörgeschädigte Kinder bereits in der Vorkindergartenzeit im Elternhaus zum ersten imitativen Sprechen leichter Wörtchen.

Zu d) Die frühkindliche Hörerziehung will die geistig-seelische Entwicklung des hörgeschädigten Kindes im Rahmen des Möglichen in normalen Bahnen halten.

Es wäre völlig falsch, den frühen Einsatz von Hörgeräten lediglich im Hinblick auf seine möglichen Auswirkungen auf die Sprachentwicklung zu beurteilen. Es gilt auch zu erwägen, welche Bedeutung ihm für die geistigseelische Entwicklung des hörgeschädigten Kleinkindes zukommt.

Es wurde schon darauf hingewiesen, daß der Kontakt der Mutter zum Kind durch ein Hörgerät ein anderer, viel engerer wird. Aber auch für das Spielen des Kindes kann ein Hörgerät von großer Bedeutung sein. Viele hörgeschädigte Kinder können nicht so ausdauernd spielen, wie es gleichaltrige hörende Kinder tun. Wenn man weiß, daß für viele Kinder der von ihnen selbst beim Spiel erzeugte Lärm einen wesentlichen Antrieb zum Spielen darstellt, kann man ermessen, daß dem hörgeschädigten Kleinkind, das die von ihm selbst beim Spielen mit den Spielsachen erzeugten Geräusche nicht wahrnehmen kann, ein wichtiger Spielimpuls entgeht. Trägt es jedoch ein Hörgerät, so hat es die Möglichkeit, die von ihm selbst beim Spiel erzeugten Geräusche wahrzunehmen. Ein Kind aber, das spielen kann, ist im allgemeinen ein glückliches und zufriedenes Kind.

Viele Eltern hörgeschädigter Kleinkinder klagen, daß ihre Kinder daheim lärmen und schreien, als seien sie allein auf der Welt. Trotz wiederholter Ermahnungen sind sie nicht davon abzubringen. Warum tun sie das? Sie wollen sich hören, sie wollen heraus aus dem Ghetto der Stille. Dieses Verlangen ist ganz natürlich. Es muß jedoch nicht mit einer ständigen Belästigung der Eltern und der Hausnachbarn und damit mit einer Fülle von Konflikten bezahlt werden. Ein Hörgerät bietet dem Kind die Möglichkeit, sich auch bei geringerer Lautstärke selbst wahrzunehmen. Manche Eltern hörgeschädigter Kleinkinder haben schon dankbar bestätigt, daß der Einsatz eines Hörgerätes aus ihrem lauten Kind ein ruhigeres Kind gemacht hat.

2. Höruntersuchungen bei Kleinkindern

a) Die Durchführung der Untersuchung in Hals-, Nasen-, Ohrenkliniken sowie in Pädoaudiologischen Beratungsstellen

In den vorausgegangenen Ausführungen war von der Wichtigkeit einer schon in der frühesten Kindheit einsetzenden Hörerziehung die Rede. Es wurde dargelegt, daß diese, wenn sie zu den erwünschten Erfolgen führen soll, vornehmlich eine apparative Hörerziehung sein muß. Das Kind muß also so früh wie möglich mit einem oder besser noch mit zwei individuellen Hörgeräten ausgestattet werden.

Voraussetzung für eine so frühe Anpassung von Hörgeräten ist eine gründliche pädoaudiologische Untersuchung des Kindes. Dazu gehört auch eine eingehende Höruntersuchung.

Kann man denn, so werden manche Eltern mit Recht fragen, ein Kind schon so früh pädoaudiologisch untersuchen? Widerspricht eine solche Forderung nicht dem, was ihnen ihr Hausarzt oder Kinderarzt sagte? Hatte er nicht behauptet, daß Höruntersuchungen bei Kleinkindern überhaupt noch nicht möglich seien? Mit dieser Feststellung hatte er sicher recht, wenn er an Höruntersuchungen dachte, wie sie bei erwachsenen Patienten üblich sind. Höruntersuchungen bei Kleinkindern unterscheiden sich jedoch grundlegend von den bei Erwachsenen angewandten Untersuchungsverfahren.

Jeder Facharzt für Hals-, Nasen-, Ohrenkranke kann mit Hilfe ganz bestimmter Verfahren und Meßgeräte Art und Umfang der Hörschädigung eines erwachsenen Patienten feststellen. Bevor er seine Untersuchung beginnt, wird er ihm genau erklären, worauf er zu achten hat und wie er auf Töne, die ihm über einen Kopfhörer in wahrnehmbarer Lautstärke dargeboten werden, reagieren soll: durch Fingerheben, Kopfnicken oder Ja-Sagen. Ein Erwachsener mit einer Hörschädigung versteht ja im allgemeinen, was man ihm sagt, und er weiß auch, daß der Arzt ihm helfen will. Er weiß aber auch, daß es bei der Höruntersuchung ganz auf seine Mitwirkung ankommt und wird sich entsprechend verhalten.

Von einem hörgeschädigten Kleinkind von erst ein, zwei oder drei Jahren kann ein Arzt so viel Verständnis nicht erwarten. Er hat aber auch nicht die reiche Erfahrung im Umgang mit hörgeschädigten Kindern, die man nun einmal benötigt, um dem sprachlosen oder spracharmen Kleinkind den Meßvorgang verständlich zu machen. Er wird darum in der Regel ein Kind, bei dem ein begründeter Verdacht auf eine Hörstörung vorliegt, zur Feststellung seines Hörverlustes an eine Hals-, Nasen-, Ohrenklinik, von der er weiß, daß sie eine gute Pädoaudiologische Abteilung besitzt, oder an eine ihm bekannte Pädoaudiologische Beratungsstelle überweisen. Manche dieser von erfahrenen Fachpädagogen geleiteten Beratungsstellen sind so ausgestattet, daß sie hörgeschädigte Kleinkinder in kindgemäßer Weise und in einer ihnen vertrauten, ruhigen Atmosphäre untersuchen können.

Bevor ein hörgeschädigtes Kleinkind zu einer Höruntersuchung gebracht wird, kann und soll es im Elternhaus bereits darauf vorbereitet werden. Dies gilt vor allem für Kinder, die schon drei Jahre alt sind. Zum besseren Verständnis der dabei von den Eltern durchzuführenden Maßnahmen soll nachstehend kurz über die wichtigsten Vorgänge bei Höruntersuchungen berichtet werden.

Tonhöhe und Lautstärke

Bei einer Höruntersuchung werden dem Kind (ebenso wie dem Erwachsenen) mit Hilfe eines besonderen Meßgerätes, das man Audiometer nennt, Töne verschiedener Tonhöhen (tiefe und hohe Töne) und unterschiedlicher Lautstärke (laute und leise Töne) dargeboten.

Jeder Ton, der an unser Ohr dringt, hat zwei Eigenschaften: Er hat eine bestimmte Tonhöhe und eine bestimmte Lautstärke. Im allgemeinen fällt es uns nicht schwer, einen Tonhöhenunterschied festzustellen. Wir können einen tiefen Ton gut von einem hohen Ton unterscheiden.

Wie entsteht ein tiefer, wie ein hoher Ton? Gehen wir einmal an ein Klavier. Wir öffnen den Deckel, der seine Tasten bedeckt, aber auch den anderen Deckel oben auf dem Gehäuse, der uns einen Blick auf die Saiten des Klaviers ermöglicht. Wenn wir nun eine Taste ganz links und eine Taste ganz rechts auf der Tastatur anschlagen, hören wir einen ganz tiefen und einen ganz hohen Ton. Wir können diese beiden unterschiedlichen Töne aber nicht nur hören, sondern auch sehen, wie sie entstehen. Die durch das Niederdrücken der beiden Tasten in Schwingung versetzten Saiten schwingen nämlich ganz unterschiedlich. Das Schwingen der Saite, die den tiefen Ton hervorbringt, ist viel besser zu sehen als das Schwingen der Saite, die den hohen Ton erzeugt. Die erste schwingt langsamer, aber weiter, die zweite schneller, aber kürzer. Die eine Saite schwingt in einer Sekunde vielleicht 250 mal hin und her, die andere vielleicht 4000 mal. Wir können auch sagen: Die eine Saite macht 250 Doppelschwingungen in der Sekunde, die andere 4000. Je kleiner die Zahl der Doppelschwingungen ist, desto tiefer ist der Ton. Und umgekehrt: Je größer die Zahl der Doppelschwingungen ist, desto höher ist der Ton.

Nun läßt sich die Tonhöhe eines jeden einzelnen Tones ganz genau nach der Zahl seiner Doppelschwingungen angeben. Man bedient sich hierfür der Bezeichnung Hertz (abgekürzt Hz). Ein Ton von 250 Hz macht also 250 Doppelschwingungen in der Sekunde und ein Ton von 4000 Hz macht 4000 Doppelschwingungen in der Sekunde.

Ein völlig gesundes menschliches Ohr kann im Jugendalter Töne zwischen 20 und 20 000 Hz wahrnehmen, weit mehr als für das Verstehen von Sprache notwendig ist. Hierfür würde bereits ein Hören der Töne zwischen 250 und 4000 Hz ausreichen. Dies trifft wenigstens für Erwachsene zu, die die Sprache bereits erlernt haben.

Die zweite Eigenschaft eines Tones ist seine Lautstärke. Sie ist, wie wir alle wissen, nicht immer gleich. Auch die Lautstärke eines Tones läßt sich genau messen. Man kann sie in Phon messen. Gebräuchlicher ist bei Höruntersuchungen jedoch die Meßeinheit Dezibel (abgekürzt dB). Haben Sie schon einmal das Flügelschlagen eines Schmetterlings gehört? Sicherlich nicht. Seine Lautstärke liegt zwischen 0 und 10 dB. Nun werden Sie bestimmt glauben, daß selbst eine ganz leise Flüsterstimme bereits 30 dB laut ist. Die Lautstärke einer normalen Unterhaltung beträgt schon etwa 60 dB. Lautes Schreien erreicht 90 dB.

Die Hörschwelle

Bei einer Höruntersuchung geht es darum, die sogenannte Hörschwelle zu ermitteln. Die Hörschwelle gibt die Lautstärke an, bei der man gerade zu hören beginnt. Bei Menschen mit völlig normalem Gehör liegt sie bei allen Tönen ungefähr bei 0 dB. Es ist dies eine so geringe Lautstärke, daß niemand Sprache verstehen könnte, die mit einer so schwachen Stimme gesprochen würde. Wie ja schon erwähnt wurde, ist das Flüstern bereits ungefähr 30 dB laut. Wo aber können wir Flüstern denn überhaupt verstehen? Doch nur in einem sehr ruhigen Zimmer bei ganz aufmerksamem Zuhören. Am besten verstehen wir das Sprechen unserer Mitmenschen, wenn wir in einer Lautstärke von ungefähr 60 dB angesprochen werden.

Mit anderen Worten: Obwohl wir schon ganz leise Töne von nur 0 bis 10 dB Lautstärke wahrnehmen können, unsere Hörschwelle also im Bereich zwischen 0 und 10 dB liegt, verstehen wir die Sprache unserer Mitmenschen erst dann ohne Schwierigkeiten, wenn uns diese mit einer Lautstärke, die fast 60 dB über unserer Hörschwelle liegt, zugesprochen wird.

Nach diesen kurzen Vorbemerkungen soll nun die praktische Durchführung von Höruntersuchungen bei Kleinkindern besprochen werden.

Wie kann die Höruntersuchung durchgeführt werden?

Dies hängt von verschiedenen Faktoren ab: Vom Alter des Kindes, seiner Reife, seiner Konzentrationsfähigkeit, seiner Bereitschaft zur Mitarbeit, seinem Wohlbefinden u. a. m. Im großen und ganzen kann man jedoch sagen, daß es zwei Wege gibt, auf denen sich die Hörfähigkeit eines Kindes feststellen läßt. Der eine Weg wird vornehmlich für Kinder bis zu drei Jahren, der andere hauptsächlich für Kinder von drei Jahren an aufwärts eingeschlagen. Beide Wege sollen im folgenden kurz beschrieben werden.

Die Ablenkungsuntersuchung für Kinder bis zu drei Jahren

Bei kleinen Kindern bis zu drei Jahren geht man in der Regel wie folgt vor: Das Kind sitzt gemeinsam mit einer Kindergärtnerin in einem kindgemäß eingerichteten Untersuchungsraum an einem kleinen Spieltisch. Es wird dort von der Kindergärtnerin, die ihm gegenübersitzt, mit Spielsachen beschäftigt, die seiner Altersstufe angemessen sind. Während sich das Kind mit den Spielsachen beschäftigt, erzeugt der Untersucher hinter dem Rücken des Kindes verschiedenartige Geräusche und Töne: zunächst leise, dann allmählich immer lauter, bis das Kind zu erkennen gibt, daß es etwas vernommen hat. Es hält nun vielleicht in seinem Spiel inne und schaut auf. Vielleicht ist auch nur ein Lidreflex, d. h. ein Blinzeln der Augenlider, zu erkennen. In den meisten Fällen wird ein Kind jedoch viel auffälliger reagieren. Ein sehr kleines Kind wird möglicherweise zu schreien anfangen. Kinder, die schon älter als ein Jahr sind, suchen in der Regel, woher die von ihnen wahrgenommenen Geräusche und Töne gekommen sind. Sie drehen sich um, um zu erfahren, was hinter ihnen vorgegangen ist.

Aufgabe des Untersuchers und der mit dem Kind spielenden Kindergärtnerin ist es, das Kind während der gesamten Untersuchungsdauer gut zu beobachten und alle Reaktionen zu registrieren. Auf welche Weise ein Kind auch reagieren mag, in einem Punkt gleichen sich alle Reaktionen: Das Kind wird durch die von ihm wahrgenommenen Geräusche und Töne von seinem Spiel abgelenkt. Darum nennt man dieses Untersuchungsverfahren auch Ablenkungsuntersuchung.

Bei der Ablenkungsuntersuchung benützt der Untersucher verschiedene Geräte: solche, mit denen er Geräusche, und solche, mit denen er Töne erzeugen kann. Ein tonerzeugendes Gerät ist z. B. das tragbare Audiometer, mit dem er hinter dem Rücken des Kindes u. a. Töne von 500, 1000, 2000 und 4000 Hz in verschiedenen Lautstärken darbieten kann. Zur Darbietung von Geräuschen eignen sich u.a.: Trommeln, Pfeifen, Glocken, Rasseln, Hörner, Spieluhren, Xylophone, Kastagnetten und Harmonikas. Um feststellen zu können, bei welcher Lautstärke das Kind auf eines dieser Geräusche reagiert hat, benötigt der Untersucher ferner noch einen Lautstärkemesser.

Die Aufgabenuntersuchung für Kinder von drei Jahren an aufwärts

Kinder von drei Jahren an aufwärts, in Einzelfällen auch schon jüngere Kinder, können ähnlich wie erwachsene Hörgeschädigte schon bewußt an eine Höruntersuchung herangeführt werden und an ihr teilnehmen. Das ganze Geheimnis einer erfolgreichen Höruntersuchung bei Kindern dieser frühen Altersstufe liegt lediglich darin, daß es gelingt, sie zum Verständnis der von ihnen verlangten Aufgabe zu führen und ihre aktive Mitarbeit zu gewinnen. Dies ist im allgemeinen nicht übermäßig schwer, sofern es sich nicht um geistig behinderte oder mehrfach geschädigte Kinder handelt.

Schon dreijährige Kinder werden mit den gleichen Prüfgeräten untersucht, die auch bei Höruntersuchungen von Erwachsenen verwendet werden. Das Untersuchungsverfahren für Kleinkinder unterscheidet sich jedoch grundsätzlich von dem für Erwachsene. Während diese Sprache verstehen und darum mit wenigen Worten in die Untersuchungssituation eingeführt werden können, ist das hörgeschädigte Kleinkind in diesem frühen Alter meist noch nicht in der Lage, sprachliche Erläuterungen zu verstehen. Darum muß es auf spielerische Weise in die Aufgaben eingeführt werden, die es zu bewältigen hat. Einem erfahrenen Untersucher gelingt dies im allgemeinen ohne besondere Schwierigkeiten. Wie er dies tut, wie dies aber auch Eltern vorbereitend tun können, wird noch näher ausgeführt.

Das Kind muß aber nicht nur genau begriffen haben, was es tun soll, sondern es muß auch gewillt sein, über eine längere Zeit am Untersuchungs geschehen aktiv mitzuwirken. Um es dazu geneigt zu machen, muß die Untersuchung so lustbetont wie möglich gestaltet werden. Sie muß vom Kind als ein interessantes Spiel erlebt werden. Dies kann man auf ganz verschiedene Art und Weise erreichen.

Die Guckkastenaudiometrie: Bei diesem Untersuchungsverfahren sitzt das Kind an einem kleinen Spieltisch, vor dem ein Bildschirm, der dem eines Fernsehgerätes ähnelt, aufgebaut ist. Auf dem Tisch befindet sich eine Drucktaste. Jeweils dann, wenn das Kind einen Ton wahrnimmt, der ihm in der Regel über einen Kopfhörer zugeleitet wird, drückt es auf die vor ihm liegende Drucktaste. Dadurch wird ein Bildwerfer in Tätigkeit gesetzt. Bei jedem Niederdrücken der Taste wirft er ein farbiges Tier- oder Märchenbild auf den Bildschirm.

Die Eisenbahnaudiometrie: Dieses Untersuchungsverfahren ist sehr ähnlich wie die Guckkastenaudiometrie. Auch bei der Eisenbahnaudiometrie ist vom Kind jeweils dann eine Drucktaste zu betätigen, wenn es einen Ton wahrnimmt. Durch das Niederdrücken der Taste wird eine vor ihm aufgebaute elektrische Eisenbahn in Gang gesetzt. Sobald sie einmal im Kreis herumgefahren ist, bleibt sie automatisch stehen.

Die Spielaudiometrie: Bei der Guckkastenaudiometrie besteht für manche Kinder die Gefahr, daß sie beim Betrachten der farbigen Bilder die ihnen gestellte Aufgabe vergessen und beim Wahrnehmen eines Tones nicht an das Niederdrücken der Taste denken. Umgekehrt neigt bei der Eisenbahnaudiometrie manches Kind dazu, das Signal zur Abfahrt des Zuges nicht abwarten zu wollen. Die Bewegung des Zuges reizt es so stark, daß es ihn am liebsten schon vor der Freigabe durch das Pfeifsignal abfahren lassen möchte.

Sowohl für das beschauliche als auch für das ungeduldige Kind bietet sich als ein gutes Untersuchungsverfahren die Spielaudiometrie an. Sie eignet sich in gleicher Weise aber auch für alle anderen Kinder. Da sie nicht nur sehr leicht zu handhaben ist, sondern sich auch vielfältig abwandeln läßt, kommt man meist mit diesem einen Verfahren aus, um ein hörgeschädigtes Kleinkind eingehend untersuchen zu können. Was unter Spielaudiometrie zu verstehen ist, soll ein einziges Beispiel erläutern: Das Kind legt beim jeweiligen Wahrnehmen eines ihm dagebotenen Tones einen Baustein in eine vor ihm stehende Schachtel.

b) Die Vorbereitung auf die Untersuchung

Jedes der genannten drei Verfahren führt, sofern es nur kindgerecht eingesetzt wird, zu brauchbaren Ergebnissen. Voraussetzung hierfür ist allerdings, daß das Kind seine Aufgabe völlig erfaßt hat. Trifft dies nicht zu, dann sind die Ergebnisse unbrauchbar. Darum muß auf eine gründliche Einführung des Kindes in das Untersuchungsverfahren größter Wert gelegt werden. Diese Einführung kann nicht sorgfältig genug vorgenommen werden, denn jede Übereilung verdirbt die Aussichten auf einen guten Abschluß der Untersuchung.

Die Vorbereitung auf eine Aufgabenuntersuchung kann bei einzelnen Kindern sehr zeitraubend sein. Dies gilt vor allem für Kinder im dritten und zuweilen auch noch im vierten Lebensjahr. Dennoch kann nicht darauf verzichtet werden. Nun ist es jedoch nicht unbedingt erforderlich, daß diese Vorbereitung auf die Untersuchung vom Untersucher selbst vorgenommen werden muß. Sie kann auch durch die Eltern des Kindes erfolgen. Dies ist sogar sehr zu wünschen, denn dann kann die eigentliche Untersuchung viel rascher vor sich gehen und oft schon beim ersten Mal zu zuverlässigen Ergebnissen führen. Der Untersucher braucht sich lediglich vor Beginn der Untersuchung noch zu überzeugen, daß das Kind weiß, worum es geht, und kann dann, ohne daß das Kind durch längere Vorbereitungen schon ermüdet ist, gleich mit der eigentlichen Untersuchung beginnen.

Wie können Eltern ihr Kind vorbereiten?

Wenn ein körperlich und geistig normal entwickeltes hörgeschädigtes Kind ungefähr 30 Monate alt ist, kann man damit beginnen, es dazu anzuleiten, jeweils dann einen kleinen spielerischen Auftrag auszuführen, wenn ihm ein bestimmter Ton oder ein bestimmtes Geräusch dargeboten wird. Diese Anleitung muß schrittweise vorgenommen werden. Im allgemeinen wird man dabei die folgenden fünf Vorbereitungsstufen (siehe Abbildungen) beachten.

1. Stufe der Vorbereitung: Das Kind sitzt an einem kleinen Spieltisch, auf dem z. B. ein buntes Kugel-Spiel steht. Gegenüber von ihm sitzt oder kniet die Assistentin (bzw. die Mutter). Ihre Aufgabe ist es, das Kind zu beobachten. Seitlich von ihr steht der Untersucher (bzw. der Vater). Er hält ein Schlaginstrument in der Hand, etwa ein Tamburin. Das in Blickrichtung auf den Untersucher sitzende Kind wird mit gespannter Aufmerksamkeit aufschauen, wenn er auf das Tamburin schlägt und die Assistentin dieses Schlagen mit der Wegnahme einer Kugel aus dem Steckspiel beantwortet. Dieser Vorgang wird mehrmals wiederholt bis das Kind den Zusammenhang zwischen dem Schlagen auf das Tamburin und dem Wegnehmen jeweils einer Kugel erfaßt hat. Dann folgt die

19

2. Stufe der Vorbereitung: Sobald das Kind zu erkennen gibt, daß es an Stelle der Assistentin jeweils dann, wenn der Untersucher auf das Tamburin schlägt, eine Kugel wegnehmen will, wird ihm dies gestattet; anfangs allerdings noch mit einer Einschränkung. Um ein vorzeitiges Wegnehmen der Kugel zu verhindern, hält die Assistentin die in Wartestellung ruhende Hand des Kindes so lange fest bis der Untersucher auf das Tamburin geschlagen hat. Erst dann gibt sie die Hand des Kindes frei, damit es die Kugel von dem Steckspiel abheben kann. Wenn nach mehrmaligem Schlagen feststeht, daß das Kind warten kann bis es ein Signal zum Wegnehmen der Kugel erhält (die Assistentin spürt dies in ihrer Hand), folgt die

3. Stufe der Vorbereitung: Das Kind darf nunmehr ganz selbständig die Kugel wegnehmen. Wenn es dies mehrmals hintereinander richtig getan hat, kann zur nächsten Stufe, der

4. Stufe der Vorbereitung übergegangen werden. Durfte das Kind bei den ersten drei Stufen den Untersucher noch sehen, das Schlagen auf das Tamburin also sowohl mit den Augen als auch mit den Ohren wahrnehmen, so tritt nunmehr der Untersucher hinter das Kind. Dieses darf fortan nicht mehr sehen, wie der Untersucher auf das Tamburin schlägt. Es darf das Zeichen zum Wegnehmen einer neuen Kugel jetzt nur noch über das Gehör empfangen. Falls erforderlich, darf die Assistentin dem Kind noch durch Heben ihres rechten Zeigefingers zu verstehen geben, daß es „hören" soll.

Sobald das Kind durch mehrmaliges richtiges Abheben einer Kugel gezeigt hat, daß es diese Aufgabe nunmehr auch ohne optische Hilfe allein über das Gehör zu meistern vermag, kann die letzte Stufe der Vorbereitung eingeleitet werden.

5. Stufe der Vorbereitung: Diese Stufe unterscheidet sich von der vorausgegangenen lediglich dadurch, daß sich der Untersucher von Mal zu Mal weiter vom Kind entfernt und immer leiser schlägt. Auf diese Weise versucht er die größte Entfernung bzw. die geringste Lautstärke ausfindig zu machen, bei der das Kind auf das Schlagen des Tamburins gerade noch reagiert.

Einige wichtige Hinweise

Wenn Eltern ihr Kind auf die beschriebene Weise Stufe für Stufe auf eine Höruntersuchung vorbereiten, dann führt diese fast immer schon beim ersten Mal zu verläßlichen Ergebnissen. Bei der Vorbereitung auf die Höruntersuchung sollten die Eltern aber auch die folgenden Punkte gut beachten:

1. Stufe der Vorbereitung:

Der Untersucher schlägt auf ein Tamburin. Als Antwort darauf nimmt die Assistentin eine Kugel von dem Steckspiel weg.

2. Stufe der Vorbereitung:

Der Untersucher schlägt auf ein Tamburin. Das Kind nimmt jetzt eine Kugel weg. Die Assistentin führt allerdings noch seine Hand, bis es ganz sicher erfaßt hat, daß es jeweils nur nach dem Schlagen auf das Tamburin eine Kugel wegnehmen darf.

3. Stufe der Vorbreitung:
Das Kind hat erfaßt, worum es geht, und darf nun ohne fremde Hilfe eine Kugel wegnehmen. Der Untersucher steht auch bei dieser Stufe noch im Blickfeld des Kindes.

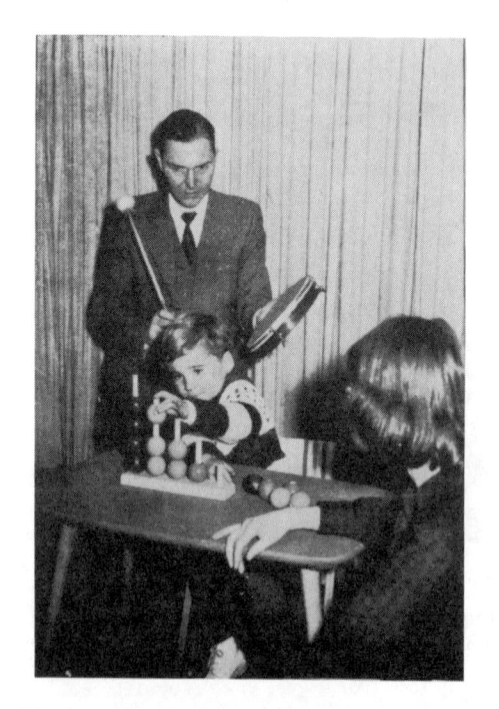

4. Stufe der Vorbereitung:

Erst jetzt tritt der Untersucher hinter das Kind, das sich nunmehr ganz auf den akustischen bzw. vibratorischen Eindruck konzentrieren muß.

1. Wenn man dem Kind akustische Signale darbietet, z. B. durch Schlagen auf ein Tamburin, dann sollte man dies nicht in regelmäßigen, immer gleichlangen Zeitabständen tun. Das Kind gewöhnt sich sonst an die Regelmäßigkeit und greift auch dann nach einer Kugel, wenn kein Signal hierzu gegeben wurde. Man sollte zwischen zwei Signalen öfters eine längere Pause einlegen, zuweilen aber auch einmal zwei Signale unmittelbar aufeinander folgen lassen.

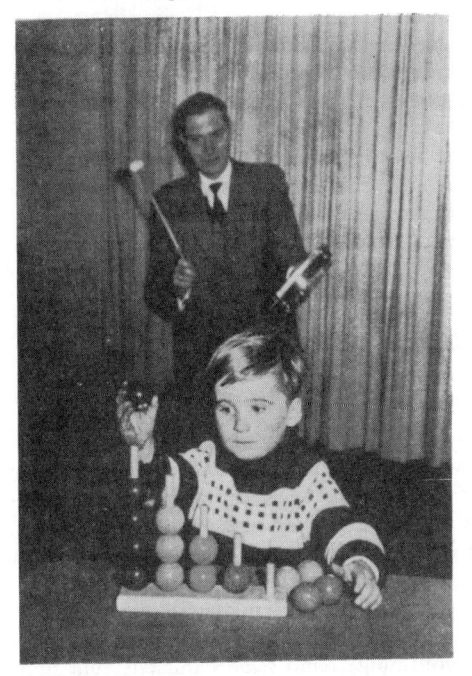

5. Stufe der Vorbereitung:
Nachdem das Kind auch dann, wenn es den Untersucher nicht sehen kann, sicher und zuverlässig reagiert, wird die Entfernung zwischen ihm und dem Untersucher immer größer und das Aufschlagen auf das Tamburin immer schwächer.

2. Selbstverständlich ist es nicht erforderlich, daß man die Vorbereitungen mit einem Tamburin durchführt. Ein Küchenbrett und ein Holzlöffel erfüllen zuweilen den gleichen Zweck. Ebenso gut lassen sich aber auch eine Trommel, ein Xylophon, eine Glocke, ein Horn oder irgendein anderes „lärmerzeugendes" Instrument verwenden. Es ist sogar angezeigt, die Instrumente immer wieder einmal zu wechseln, um dem Kind so Gelegenheit zu bieten, auf verschiedenartige Klänge und Geräusche zu achten. Bei der eigentlichen Höruntersuchung werden ihm ja auch Töne verschiedener Höhe dargeboten.

3. Es ist auch nicht nötig, für die Vorbereitung etwa ein Kugel-Steckspiel zur Verfügung zu haben. Man kann stattdessen auch Bauklötze, Legosteine, Knöpfe, Steine, Murmeln, Kaffeelöffel, Bohnen u. a. m. verwen-

den. Man läßt eines dieser Dinge nach jeder Darbietung eines Geräusches entweder aus einem Gefäß (Tasse, Teller, Schüssel, Schachtel) herausnehmen oder in ein solches Gefäß hineinlegen.

4. Die Vorbereitungen erstrecken sich in der Regel über mehrere Wochen. Es müssen also keinesfalls alle fünf Stufen an einem Tag gemeistert werden.

Wenn die Vorbereitungen in der angegebenen Art und Weise mit verschiedenen Instrumenten und mit verschiedenem Spielmaterial täglich einmal oder zweimal etwa zehn Minuten durchgeführt werden, dann darf das Kind, sofern es alle fünf Vorbereitungsstufen erfolgreich durchläuft, als gut vorbereitet gelten.

Die Vorbereitungsstufen machen im allgemeinen jedem Kind viel Freude. Sie bereiten es jedoch nicht nur auf die Höruntersuchung vor, sondern sind zugleich auch ein wichtiger Beitrag zur planmäßigen Hörerziehung des Kindes. Sie bereiten es auf alle weiteren Übungen vor, die im Hauptteil dieses Buches beschrieben sind.

3. Die beiden Wege der frühkindlichen Hörerziehung
a) Die beiläufige Hörerziehung

Die Hörerziehung im Frühkindalter kennt zwei grundverschiedene Wege. So unterscheiden wir die beiläufige und die planmäßige Hörerziehung. Beide sind wichtig, und keine ist ohne die andere denkbar. Während die planmäßige Hörerziehung meist erst im Laufe des dritten Lebensjahres einsetzt, ist die beiläufige Hörerziehung in den beiden ersten Lebensjahren von oft ausschlaggebender weil grundlegender Bedeutung.

Auf die Wichtigkeit einer schon im ersten Lebensjahr einsetzenden beiläufigen Hörerziehung wurde bereits im ersten Kapitel hingewiesen. Hier sei noch erwähnt, daß auch das vollsinnige Kind seine Fähigkeit zum sinnerfassenden Hören nicht in die Wiege gelegt bekommt. Es muß sie sich durch lange Übung und Erfahrung allmählich erwerben. Dies aber heißt nichts anderes, als daß auch das vollsinnige Kind hören lernen muß. Sein Hören ist ein anderes in den ersten drei Lebensmonaten als gegen Ende des ersten Lebensjahres. Es findet bei ihm eine Genese statt vom zunächst nur reflexartigen Hören zum sinnerfassenden Hören. Diese Genese ist abhängig von der Reife sowie von den Lerngelegenheiten. Unter normalen Bedingungen gelangt sie etwa gegen Ende des ersten Lebensjahres zu einem gewissen Abschluß. Deshalb nennt man das erste Lebensjahr auch gern das physiologische Alter für das Hörenlernen.

Die Schwierigkeit des damit verbundenen Lernprozesses ermißt man wohl erst dann recht, wenn man sich vergegenwärtigt, daß auch das vollsinnige

Kind hierfür ein ganzes Jahr benötigt. Kann man da erwarten, daß das hörgeschädigte Kind diese Entwicklung in kürzerer Zeit bewältigt? Ist es hierzu überhaupt in der Lage? Wer vermag diese Frage von vornherein positiv oder negativ zu beantworten? Oftmals sind für einen Erfolg in der Hörerziehung die psychische Haltung des Kindes sowie seine pädagogische Situation im weitesten Sinne entscheidendere Faktoren als sein Hörgrad. Darum sollte die Entscheidung, ob ein hörgeschädigtes Kind im Frühkindalter Hörerziehung erhalten soll oder nicht, auch niemals nur vom Ergebnis einer vorausgegangenen Hörprüfung abhängig gemacht werden. Selbst dann, wenn bei einem Kind der Verdacht auf eine praktische Taubheit besteht und es keine nennenswerten Hörreaktionen zeigt, sollte ihm über einen längeren Zeitraum eine angemessene Chance in der Hörerziehung zuteil werden. Wie positiv sich eine solche Entscheidung für ein Kind auswirken kann, soll das nachstehende Beispiel zeigen.

In der Pädoaudiologischen Beratungsstelle in Heidelberg wurden vor einigen Jahren zwei Geschwister vorgestellt, die beide von Geburt an taub waren: ein 16jähriges Mädchen und seine 3½jährige Schwester. Beide wurden eingehend auf etwa noch vorhandene Hörreste geprüft. Dabei wurden die Audiogramme Nr. 1 und 2 erstellt, die sich kaum voneinander unterscheiden. Beide lassen den Schluß zu, daß es sich um zwei völlig taube Kinder handelt.

Das 16jährige Mädchen besuchte damals die Abschlußklasse einer Gehörlosenschule, in der es nach herkömmlichen Methoden ohne Hörerziehung unterrichtet worden war. Seine Ablesefertigkeit war mangelhaft, sein Sprechen kaum ver ständlich.

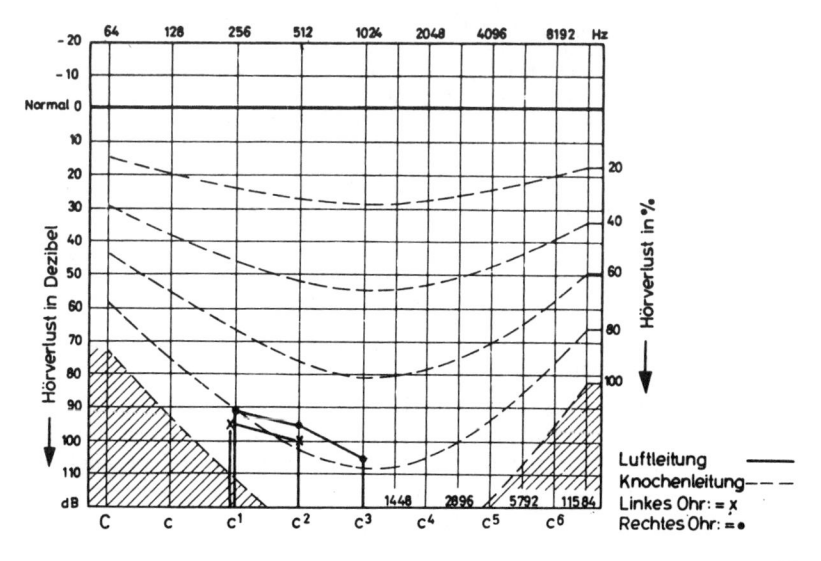

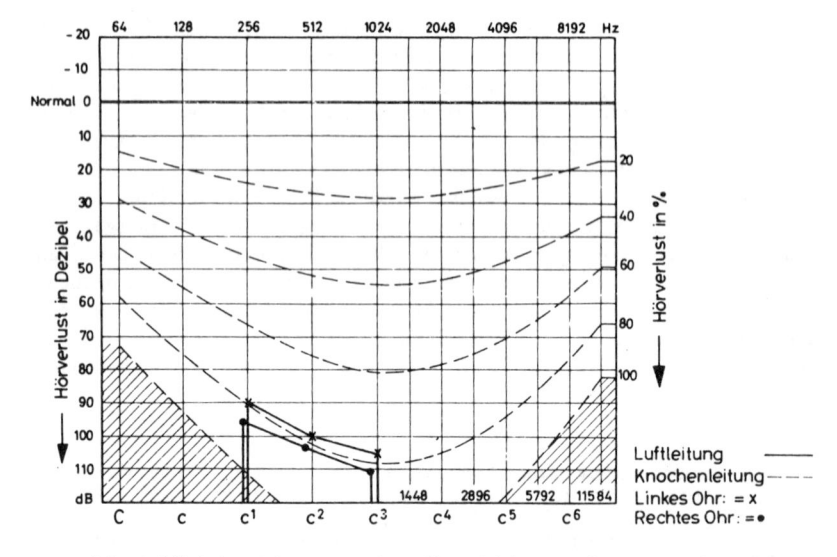

Seine 3½jährige Schwester mit völlig gleicher Hörkurve wurde auf Veranlassung der Pädoaudiologischen Beratungsstelle sofort mit einem leistungsstarken Hörgerät ausgestattet, obwohl dessen Einsatz nur wenig Erfolg versprach. Dennoch sollte nichts unversucht bleiben. Die Eltern wurden genau angeleitet, wie sie daheim mit dem Hörgerät arbeiten sollten.

Drei Monate später wurde das Kind vereinbarungsgemäß zu einer erneuten Prüfung vorgestellt. Es hatte sich in der Zwischenzeit gut an das Hörgerät gewöhnt und es täglich viele Stunden getragen. Erstaunlich war, wie sehr seine nur rudimentären Hörreste in der kurzen Zeit von nur drei Monaten geschult worden waren. So konnte schon jetzt ein weitaus besseres Audiogramm nachgewiesen werden als beim ersten Mal (Audiogramm Nr. 3).

Wiederum nach drei Monaten wurde das Kind nochmals audiometriert. Das Ergebnis dieser Hörprüfung, das mit dem weiterer Prüfungen zu späteren Zeitpunkten völlig übereinstimmt, ist im Audiogramm Nr. 4 zu sehen. Eine erneute Untersuchung der älteren Schwester, die nicht mehr dazu zu bewegen war, ein Hörgerät zu akzeptieren, brachte dagegen dasselbe Ergebnis wie bei der ersten Untersuchung.

Ohne Hörgerät sind beide Geschwister völlig taub. Für die ältere Schwester trifft dies auch mit Hörgerät zu. Anders dagegen bei der jüngeren Schwester. Wenn diese ihr Hörgerät trägt, reagiert sie recht gut und kann selbst über größere Entfernungen noch gerufen werden, bei offenen Türen sogar aus andern Zimmern, obwohl ihr bis zu diesem Zeitpunkt lediglich eine beiläufige, die Haus-Spracherziehung ständig begleitende Hörerziehung zuteil geworden ist.

Wenn wir einem hörgeschädigten Kleinkind schon im frühesten Kindesalter im Rahmen der beiläufigen Hörerziehung alle nur möglichen Entwicklungsimpulse geben wollen, müssen wir ihm nicht nur zum frühest möglichen Zeitpunkt ein oder auch zwei Hörgeräte anpassen, sondern zudem auch die schon einmal genannten Voraussetzungen gewährleisten:

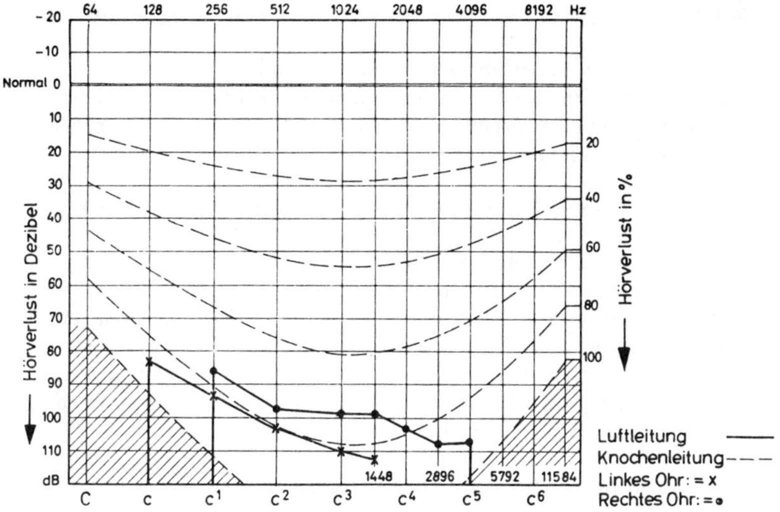

64 128 256 512 1024 2048 4096 8192 Hz
-20
-10
Normal 0
10 20 30 40 50 60 70 80 90 100 110
dB
Hörverlust in Dezibel
20 40 60 80 100
Hörverlust in %
1448 2896 5792 11584
C c c1 c2 c3 c4 c5 c6
Luftleitung
Knochenleitung
Linkes Ohr: = x
Rechtes Ohr: = •

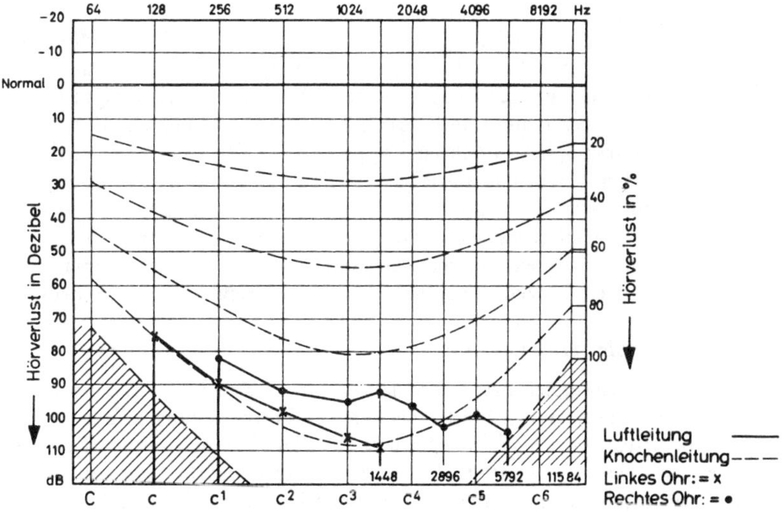

64 128 256 512 1024 2048 4096 8192 Hz
-20
-10
Normal 0
10 20 30 40 50 60 70 80 90 100 110
dB
Hörverlust in Dezibel
20 40 60 80 100
Hörverlust in %
1448 2896 5792 11584
C c c1 c2 c3 c4 c5 c6
Luftleitung
Knochenleitung
Linkes Ohr: = x
Rechtes Ohr: = •

a) Sprache und andere akustische Reize müssen laut genug wahrnehmbar sein.
b) Sie müssen oft genug gehört werden können und
c) sie müssen in dem hierfür ansprechbarsten Lebensabschnitt gehört werden können, d. h. während der ersten drei Lebensjahre, von denen das erste das wichtigste ist.

Zu dem Satz „Sprache und andere akustische Reize müssen laut genug wahrnehmbar sein" sind einige Bemerkungen erforderlich. Was heißt eigentlich „laut genug"? Das vollsinnige Kind lernt die Sprache seiner Umgebung in Mutternähe hören und verstehen, also in enger physischer Bindung an die Mutter, bei einer großen Intensität und in Situationen, die sich dauernd wiederholen und in denen immer wieder die gleichen Wörter und Sätze gesprochen werden. Nur wenige Mütter werden sich darüber im klaren sein, daß die Lautstärke, mit der sie einen Säugling ansprechen, im allgemeinen zwischen 50/60 und 80 dB liegt. Innerhalb dieses Bereiches schwankt sie ständig auf und ab.

Nicht unwichtig für ein frühes pädoaudiologisches Bemühen um ein hörgeschädigtes Kleinkind ist ferner die Tatsache, daß der vollsinnige Säugling die mütterliche Zusprache unter optimalen raumakustischen Bedingungen erfährt. Befindet er sich doch während der mütterlichen Zusprache in der Regel in seinem mit Kissen und Decken reich ausgestatteten Bettchen oder an der Brust bzw. auf dem Arm der Mutter.

Wollen wir dem hörgeschädigten Kleinkind in der beiläufigen Hörerziehung eine angemessene Chance bieten, müssen wir ihm im Rahmen des Möglichen ähnlich günstige Bedingungen bieten. Auch ihm muß Zusprache bei höchstmöglichen, wenn auch noch erträglichen Intensitäten zuteil werden. Dies ist aber nur möglich, wenn eine apparative Hilfe eingesetzt wird. Ein nur gelegentliches Darbieten akustischer Reize an das Ohr hat so gut wie keine Wirkung. Nur das regelmäßige Tragen eines oder zweier leistungsstarker Hörgeräte möglichst vom Morgen bis zum Abend kann bewirken, daß das Großhirn so viele Hörreize empfangen kann, wie nun einmal vonnöten sind, um den Prozeß des sinnerfassenden Hörens in Gang zu bringen.

b) Die planmäßige Hörerziehung

Während in den ersten drei Lebensjahren in der Regel nur eine beiläufige, die Haus-Spracherziehung ständig begleitende Hörerziehung erteilt werden kann, wobei das Kind nach Möglichkeit in allen Stunden seines Wachseins ein oder auch zwei Hörgeräte trägt, empfiehlt sich ungefähr vom vollendeten dritten Lebensjahr an aufwärts eine planmäßige Hörerziehung. Bei ihr ist, sofern es sich um hochgradig hörgeschädigte Kinder handelt, immer auch an den Einsatz eines guten Hörtrainers, d. h. eines leistungsstarken Tischverstärkers zu denken. Solche werden heute vielfach Eltern hörgeschädigter

Kinder von der für ihren Wohnort zuständigen Pädoaudiologischen Beratungsstelle unentgeltlich für längere Zeit leihweise zur Verfügung gestellt.

Worum geht es eigentlich bei der planmäßigen Hörerziehung, bei dieser so wichtigen zweiten Phase der Hörerziehung im Frühkindalter? Diese Frage kann kurz mit einem einzigen Satz beantwortet werden: Es geht darum, dem kleinen hörgeschädigten Kind zu guten Hörgewohnheiten, zu einer guten *Hörgerichtetheit* zu verhelfen. Hierfür ist allerdings ein langer Lernprozeß vonnöten, der sich über Jahre hinziehen kann. Er wird von einem Kleinkind immer nur dann erfolgreich bewältigt werden, wenn er so lustbetont wie nur möglich gestaltet wird.

Wir wollen das Kind zu guten Hörgewohnheiten hinführen. Diese sollen so von ihm Besitz ergreifen, wie auch uns manche Gewohnheiten eigen sind. Auch wir sind ja in vielerlei Hinsicht Gewohnheitsmenschen. In dieser Feststellung liegt vorab keinerlei negative Wertung. Im Gegenteil, Gewohnheiten können uns zuweilen sehr nützlich sein, helfen sie uns doch, mit vielen Dingen des Alltages ohne großes Nachdenken mühelos fertig zu werden.

Nun gibt es allerdings nicht nur gute, sondern auch schlechte Gewohnheiten. So hat sich sicher schon jeder Erwachsene einmal dabei ertappt, daß er beim Zuhören nachlässig war. Während seine Gedanken ganz woanders weilten, glaubte sein Gesprächspartner, daß er einen aufmerksamen Zuhörer vor sich hatte. Nun hat ein solches „Abschalten" für einen normalhörenden Erwachsenen in der Regel keine schwerwiegenden Folgen.

Ganz anders ergeht es einem Kind mit einem starken Hörverlust. Es braucht nicht nur jeden Sinnesweg, und mag er noch so schmal sein, um zunächst Schritt für Schritt in den Besitz der Sprache zu gelangen, sondern auch, um seine Mitmenschen gut zu verstehen. Darum ist es für ein solches Kind so wichtig, gute Hörgewohnheiten zu haben. Indem wir ihm dazu verhelfen, vermitteln wir ihm die Voraussetzungen dafür, daß es bei diesem Lernprozeß den bestmöglichen Gebrauch von seiner restlichen Hörfähigkeit macht.

Versetzen wir uns doch einmal in seine Lage. Jeder weiß z. B., wie schwierig es ist, einem Ausländer längere Zeit zuzuhören, wenn man seine Sprache nur unvollkommen beherrscht. Wenn er zu lange redet, läßt unsere Konzentrationsfähigkeit nach, und wir ertappen uns bald dabei, daß wir ihm, um uns zu entspannen, von Zeit zu Zeit nicht mehr recht zuhören. In derselben Lage befindet sich ein hörgeschädigtes Kind. Da es selbst mit dem besten Hörgerät häufig nicht so hören kann, wie wir dies mit normalem Gehör vermögen, wird es uns oft nicht richtig verstehen. Dies aber bedeutet, daß ihm unsere Zusprache oft „böhmisch" vorkommen muß. Die unausbleibliche Folge davon ist, daß es „abschaltet", nicht mehr hinhört, nicht mehr aufpaßt, ja dies schließlich nicht einmal mehr versucht. Da es ein Wort nur bruchstückhaft hört, da ihm viele Wörter gleich klingen, hört es nicht mehr hin. Es ignoriert viel von unserer Zusprache, obwohl ihm noch manche akustische Information zugänglich wäre.

Die Fähigkeit, akustische sowie andere Sinnesreize auszusondern, ist eine ganz normale Angelegenheit, die sich mit einer Fülle von Beispielen belegen läßt. So wird sich wohl kaum jemand all der Geräusche bewußt sein, die er jetzt beim Lesen dieses Satzes wahrnimmt. So wird er das eventuelle Klappern der Schreibmaschine im Zimmer nebenan oder den Lärm der Autos auf der Straße, um nur zwei Beispiele zu nennen, überhören, wenn sie für ihn nicht gerade wichtig sind. Mit anderen Worten: Wenn wir von diesen Geräuschen keine Information erwarten, überhören wir sie.

Für das kleine hörgeschädigte Kind, dessen größtes Problem es ist, die Sprache seiner Umgebung über die Sinnesgebiete Hören, Sehen und Tasten zu erlernen, ist es entscheidend, daß ihm möglichst wenige akustische Informationen entgehen. Es darf sie nicht überhören, sofern es sie noch wahrnehmen kann. Es muß sie bewußt wahrnehmen lernen.

Hören ist ein umfassender geistiger Prozeß. Er geht weit über den Bereich des Physikalischen hinaus. Diese Tatsache darf man in der Hörerziehung niemals aus dem Auge verlieren. Das physikalische Hörvermögen eines Kindes können wir nicht ändern. Es ist in der Regel eine unumstößliche Größe, wenn sie vor Beginn einer gezielten Hörerziehung oft auch noch nicht richtig erkannt werden kann. Durch eine planmäßig betriebene Hörerziehung können wir einem Kind jedoch helfen, daß es gute Hörgewohnheiten erwirbt und mit ihrer Hilfe seine Hörreste besser ausnützt.

Gute Hörgewohnheiten sind für jedes hörgeschädigte Kind die Voraussetzung dafür, daß es die ihm noch verbliebene Hörfähigkeit im Rahmen des Möglichen optimal ausnützt. Dies gilt auch für Kinder mit nur geringen Hörresten im Bereich der tiefen Frequenzen, wenn bei ihnen oft auch nur ein hinweisendes Hören erreicht werden kann. Diese Hinweisfunktion des Hörens sollten wir jedoch nicht zu gering veranschlagen. Sie bringt das Kind in einen engeren Kontakt zu seiner Umwelt und vermittelt ihm eine gewisse Vorstellung, woher Geräusche kommen und woher nicht. Daß einem so stark hörgeschädigten Kind mit Hilfe eines leistungsstarken Hörgerätes auch noch gewisse Informationen über den Rhythmus des Sprechens zugänglich gemacht werden, sei nur kurz vermerkt. Aber auch die oft übersehene Tatsache sei vermerkt, daß selbst kleinste Hörreste, sofern sie nur intensiv genützt werden, das Ablesen vom Mund wirkungsvoll unterstützen.

Nach diesen einleitenden Bemerkungen, die an dieser Stelle nur allgemeinen Inhalts sein können, soll nunmehr in enger Anlehnung an das amerikanische Buch „Play it by Ear!" auf die methodische Gestaltung der frühkindlichen Hörerziehung eingegangen werden.

B. Die methodische Gestaltung der planmäßigen Hörerziehung

Ungefähr vom vollendeten dritten Lebensjahr an, bei dem einen Kind früher, bei dem anderen später, kann man bei hochgradig hörgeschädigten Kindern mit noch ansprechbaren Hörresten mit der planmäßigen Hörerziehung beginnen. Zu diesem Zeitpunkt hat das hörgeschädigte Kleinkind, sofern seine pädoaudiologische Betreuung spätestens gegen Ende des zweiten Lebensjahres eingeleitet und zielbewußt durchgeführt wurde, bereits ein gewisses Sprachverständnis über kombiniertes Hören und Sehen erworben und vermag sehr oft auch schon erste leichte Wörter zu sprechen. Darum kann die planmäßige Hörerziehung bei vielen hörgeschädigten Kindern in diesem Stadium bereits als fester Bestandteil der Haus-Spracherziehung zusammen mit dem täglichen Übungsprogramm an sprachfördernden Spielen betrieben werden.

Dennoch muß festgehalten werden, daß die planmäßige Hörerziehung zumindest in ihrem Anfangsstadium nicht als Spracherziehung verstanden werden darf. Sie beginnt deshalb auch sprachfrei mit einfachen Übungen, die das Kind zum Unterscheiden von Geräuschen anhalten sollen. Später kommen Übungen im Wahrnehmen und Erkennen einfacher Musik hinzu. Das akustische Wahrnehmen und Unterscheiden unterschiedlicher Wörter und Sätze sowie verschiedener prägnanter Einzellaute folgt bei manchen Kindern erst auf einer Stufe, die bereits in die vorschulische und schulische Unterrichtsarbeit hinüberführt.

Es sind insgesamt 30 Übungen, die nachfolgend beschrieben werden. Jede einzelne von ihnen läßt sich in mannigfacher Weise abwandeln und für das Kind lustbetont und interessant gestalten. Nicht jede dieser Variationsmöglichkeiten muß bei jedem Kind zum Einsatz kommen. Es muß auch nicht jede einzelne Übung mit jedem Kind durchgenommen werden, wie es auch nicht nötig ist, daß in der aufgezeigten Ordnung vorgegangen werden muß. Die Übungsfolge darf nicht als ein starrer Plan aufgefaßt werden. Es sind Übungen darunter, die für manches Kind vielleicht zu leicht, für einzelne Kinder mit nur geringen Hörresten ganz sicher aber auch zu schwierig sind.

Eltern hörgeschädigter Kleinkinder, die nach den Anleitungen dieses Buches ihrem Kind eine gezielte Hörerziehung zu vermitteln versuchen, sollten dies darum immer nur in enger Zusammenarbeit mit Fachpädagogen einer Pädoaudiologischen Beratungsstelle tun. Diese werden ihnen auf Grund ihrer reichen Erfahrung auf dem Gebiet der frühkindlichen Hörerziehung nicht nur sagen können, welche Übungen dem Hörgrad sowie dem Sprachstand ihres Kindes angemessen sind, sondern auch empfehlende Hinweise darauf geben können, welche technischen Hörhilfen bei dem jeweiligen Hörverlust für das einzelne Kind zum Einsatz gelangen sollen. Für einige der beschriebenen Übungen werden bei manchen Kindern ein oder auch zwei individuelle Hörgeräte bereits ausreichen. Bei anderen dagegen wird es von Nutzen sein, einen leistungsstarken Hörtrainer zu verwenden.

Die vielen damit in Zusammenhang stehenden Fragen können hier nicht erörtert, sondern immer nur von Fall zu Fall geklärt werden. Es wird daher vor Beginn des „Hörenlernens im Spiel" eine Kontaktaufnahme mit einer gut ausgebauten Pädoaudiologischen Beratungsstelle empfohlen.*)

---

*) Ein Verzeichnis aller z. Zt. bestehenden Beratungsstellen für hör- und sprachgeschädigte Kinder kann vom Verlag „hörgeschädigte kinder", 4307 Kettwig, Postfach 134, zum Preis von 1,— DM bezogen werden.

1. ÜBUNG

Wir hören den Wecker

Was soll erreicht werden?

Mit Hilfe dieser kleinen Übung wollen wir dem Kind helfen, den Unterschied zwischen „Läuten" und „Nichtläuten" zu erkennen. Außerdem soll es dadurch lernen, mehr auf die Umweltgeräusche zu achten.

Was wird dazu benötigt?

Ein Wecker mit einem starken Läutewerk.
Ein größeres Zifferblatt, das man sich selbst anfertigen kann.
Einige Körner Puffreis.

Wie wird die Übung durchgeführt?

Mutter und Kind sitzen am Tisch. Dem Kind, das ihr gegenübersitzt, sagt sie, daß sie beide den Wecker hören wollen. Dabei wird dem Kind der Wecker gezeigt. Außerdem zeigt sie ihm das große Zifferblatt, das aus Pappe angefertigt wurde. Am Schluß legt die Mutter auf jede der 12 Ziffern ein Korn Puffreis.

Nach diesen Vorbereitungen darf das Kind seine Fingerspitzen auf den Wecker legen. Dabei spricht die Mutter noch einmal: „Wir wollen den Wecker hören." Dann läßt sie den Wecker läuten und spricht: „Der Wecker läutet. Ich höre den Wecker." Bei diesen Worten deutet sie auf ihr Ohr. Dann nimmt sie ein Korn Puffreis von dem Zifferblatt und steckt es sich in den Mund. Dies alles geht natürlich sehr rasch vor sich.

Bevor die Mutter den Wecker erneut läuten läßt, zeigt sie auf das nächste Korn Puffreis und sagt dem Kind, daß es dieses essen darf, sobald es den Wecker läuten hört. Die Fingerspitzen des Kindes ruhen wieder auf dem Wecker. Während das Kind gespannt auf das Läuten wartet, spricht die Mutter zu ihm: „Der Wecker läutet nicht. Ich höre den Wecker nicht." Bei diesen Worten deutet sie auf ihr Ohr, gibt aber auch durch gleichzeitiges Schütteln des Kopfes zu erkennen, daß sie nichts hört. Nach einer kleinen Weile läßt sie dann den Wecker läuten. Sobald das Kind das Läuten wahrnimmt, darf es sich ein Korn Puffreis holen und in den Mund stecken.

Auf diese Weise wird die Übung so lange fortgesetzt, bis das Kind sicher und ohne Hilfe auf das Läuten zu reagieren gelernt hat. Sobald dies erreicht ist, darf das Kind den Wecker nicht mehr berühren. Es soll ihn jetzt auch wahrnehmen, wenn er etwas hinter seinen Kopf gehalten wird. Ist dies für das Kind noch zu schwierig, schieben wir eine kleine Zwischenübung ein. Das Kind legt seine beiden Hände mit der Handfläche auf die Tischplatte. Die Mutter läßt den Wecker läuten und berührt damit, ohne daß dies vom Kind gesehen werden kann, die Tischplatte, so daß das Kind das Läuten des Weckers am Tisch fühlen kann.

Sind die Hörreste des Kindes allerdings groß genug, dann kann man die ganze Übung von vornherein ohne Berühren des Weckers durchführen.

Ein Kind, das schon etwas sprechen kann, wird man je nach sprachlichem Können beim Läuten des Weckers immer sprechen lassen: „laut", „es läutet" oder „die Uhr läutet."

Variationsmöglichkeiten

A. Zur Aufrechterhaltung des Interesses

1. Wie legen Rosinen, Nüsse, Gummibären oder andere kleine Leckerbissen auf das Zifferblatt.
2. Wir legen Muggelsteine, Legosteine oder andere Spielsteine auf das Zifferblatt. Beim Läuten des Weckers wird jeweils ein Stein in ein Gefäß gelegt.
3. Das Zifferblatt wird mit dem Gesicht nach unten auf den Tisch gelegt.

Beim Läuten des Weckers darf das Kind das Zifferblatt wieder umdrehen.
4. Wir geben dem Zifferblatt einen Pappzeiger. Wenn es läutet, dreht das Kind den Zeiger einmal im Kreis herum.
5. Das Kind hält das Zifferblatt unter den Tisch. Wenn es läutet, legt es dasselbe auf den Tisch.
6. Wir spielen das Angelspiel. Beim Läuten darf das Kind immer ein kleines Bild von einer Uhr angeln.*)

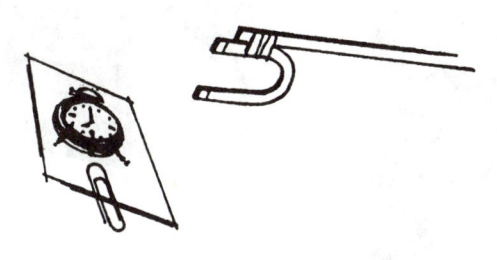

7. Wir spielen mit der Flanelltafel. Immer wenn es läutet, darf das Kind ein Bildchen mit einer Uhr auf die Tafel heften *).
8. Wir machen in den Deckel einer Schachtel einen Schlitz und lassen beim Läuten des Weckers immer ein Bild mit einer Uhr hineinstecken.
9. Das Kind darf so tun als ob es schlafe. Wenn der Wecker läutet, darf es aufwachen.
10. Besitzt das Kind eine Puppe mit Schlafaugen, so darf es so tun als ob die Puppe schlafe. Beim Läuten des Weckers wacht die Puppe immer auf.
11. Falls das Kind schon etwas sprechen kann, darf es jeweils beim Läuten des Weckers zur Puppe sprechen: „Puppe, wach auf!"
12. Wir spielen mit vertauschten Rollen. Das Kind läßt den Wecker läuten, und wir geben darauf eine Antwort.

B. *Zur Steigerung der Schwierigkeit*

1. Die unter A angegebenen Übungen werden wiederholt. Dabei wird der Abstand Wecker—Kind von Übung zu Übung vergrößert.

---

*) Nähere Hinweise in:
Löwe, A.: Sprachfördernde Spiele für hörgeschädigte Kleinkinder; Marhold-Verlag, Berlin, 1964.

2. ÜBUNG

Wir hören das Telefon

Was soll erreicht werden?

Mit Hilfe dieser kleinen Übung wollen wir dem Kind zu Bewußtsein bringen, daß das Telefon „läutet". Es soll lernen auf das Läuten zu achten, und zwar auch dann, wenn ihm das nur aus ganz kurzer Entfernung vom Telefon möglich ist. Diese Übung soll dem Kind aber auch den Begriff „Telefon" sowie seine Funktion vermitteln.

Was wird dazu benötigt?

Ein richtiges Telefon sowie ein Bild derjenigen Person, die anrufen soll (nach vorheriger Vereinbarung).

Wie wird die Übung durchgeführt?

Wir verabreden mit einer auch dem Kind gut bekannten Person, daß sie uns zu einer bestimmten Zeit anruft. Wenn der Zeitpunkt herannaht, zeigen wir dem Kind ein Foto der betreffenden Person. Dann lassen wir das Kind seine Hand auf das Telefon legen. Dabei sagen wir ihm, daß es hören soll. Wenn seine Hand ruhig auf dem Telefon liegt, sprechen wir zu ihm: „Das Telefon läutet nicht. Ich höre das Telefon nicht." Sobald jedoch der Anruf kommt, lenken wir seine Aufmerksamkeit darauf und sprechen zu ihm: „Das

Telefon läutet. Ich höre das Telefon." Damit nun das Kind das Läuten des Telefons auch ganz bewußt erfaßt, lassen wir es einige Male läuten, bevor wir den Hörer abnehmen.

Nachdem wir uns mit „Hallo!" vorgestellt haben, erzählen wir dem Kind, wer angerufen hat und zeigen ihm das Bild dieser Person. Dann sagen wir ihm, daß Oma (oder wer immer es gewesen sein mag) auch „Hallo!" gesagt hat. Damit das Kind dies im Rahmen seiner Möglichkeiten auch selbst hören kann, halten wir den Hörer des Telefons an das Mikrophon seines Hörgerätes und fordern die Oma auf, noch einmal „Hallo!" zu sagen. Falls das Kind dies schon kann, darf es selbstverständlich auch mit einem „Hallo, Oma!" antworten.

Am Anfang empfiehlt es sich, täglich dieselbe Person zur jeweils gleichen Stunde anrufen zu lassen. Wenn wir der Oma das nächste Mal begegnen, werden wir das Kind daran erinnern, daß sie „Hallo!" gerufen und daß sie sein „Hallo!" auch gehört hat.

Allmählich werden wir das Kind dazu anhalten (sofern dies bei seinem Hörverlust möglich ist), uns darauf aufmerksam zu machen, wenn das Telefon läutet. Wir müssen dann allerdings auch dafür sorgen, daß es sich zur Zeit des erwarteten Anrufs am Telefon aufhält und es berührt. Im Laufe der Zeit werden wir jedoch klären, ob ihm nicht auch ein Hören des Telefonläutens ohne Berührung möglich ist.

Bei Kindern, deren Hörverlust nicht zu groß ist, kann man diese Übung wesentlich vereinfachen. Diese Kinder kann man schon bald dazu anhalten, auch aus größerer Entfernung auf das Läuten des Telefons zu achten.

Variationsmöglichkeiten

A. Zur Aufrechterhaltung des Interesses

Sobald das Kind die beschriebene Übung erfaßt hat, ist es zur Kostenersparnis ratsam (sofern man kein Haustelefon besitzt, wie es in manchen Kindergärten vorhanden ist), sich eine Schallplatte (Geräuschplatte) zu beschaffen, mit deren Hilfe man das Läuten des Telefons beliebig oft über einen Plattenspieler darbieten kann.

Wer über ein Tonbandgerät verfügt, kann selbstverständlich das Läuten seines Telefons auf Band aufnehmen. Dabei sollte man allerdings nicht vergessen am Schluß noch jemand „Hallo!" auf das Band sprechen zu lassen.

1. Wir stellen ein Kindertelefon auf den Tisch. Immer wenn über den Lautsprecher des Plattenspielers oder des Tonbandgerätes das Läuten des Telefons zu hören ist, nimmt das Kind den Hörer seines kleinen Telefons ab und ruft „Hallo!" in die Sprechmuschel.
2. Wir malen ein Telefon auf ein größeres Stück Karton und legen auf jede Ziffer der Wählscheibe ein Korn Puffreis.

3. Wir lassen kleine Bilder mit Telefonen in den Schlitz einer Schachtel stecken.
4. Wir spielen das Angelspiel und angeln kleine Bilder mit Telefonen.
5. Wir spielen mit der Flanelltafel und heften kleine Bilder mit Telefonen darauf.
6. Wir kleben kleine Bilder mit Telefonen auf ein Stück Karton.

B. *Zur Steigerung der Schwierigkeit*

1. Wir verringern die Lautstärke des Plattenspielers oder des Tonbandgerätes.
2. Wir drehen den Lautstärkeregler des Hörgerätes auf eine niedrigere Verstärkungsstufe.
3. Wir vergrößern den Abstand Kind—Telefon (bzw. Kind—Plattenspieler oder Kind—Tonbandgerät).

3. ÜBUNG

Wir achten auf das Husten und Niesen

Was soll erreicht werden?

Mit Hilfe dieser kleinen Übung soll das Kind verschiedene unartikulierte menschliche Laute kennen und unterscheiden lernen. Gleichzeitig sollen ihm einige Grundregeln guten Benehmens beigebracht werden, z. B. die Hand vor den Mund zu halten, wenn es husten oder niesen muß.

Was wird dazu benötigt?

Eine Puppe, die sitzen kann.

Wie wird die Übung durchgeführt?

Wir beginnen mit dem Husten. Das Kind sieht, wie die Mutter hustet und dabei die Hand vor den Mund hält. Danach spricht die Mutter: „Ich habe gehustet. Jetzt darf die Puppe husten." Während nun die Mutter wieder hustet, hält sie die Hand der Puppe vor deren Mund. Das Kind wird den Zusammenhang zwischen dem Husten und dem Hand-vor-den-Mund-halten schnell begreifen. Sobald dies der Fall ist, darf es selbst die Hand der Puppe vor deren Mund halten, wenn die Mutter hustet. Dies wird so lange geübt, bis das Kind ganz sicher mitmacht. Im Laufe der Übung fordert die Mutter das Kind auch auf, ihr Husten nach Möglichkeit nachzuahmen.

Im weiteren Verlauf der Übung wird die Mutter ihren Mund mit einem kleinen Windschirm oder auch mit einem Blatt Papier verdecken, damit das Kind das Husten nicht mehr sehen, sondern nur noch hören kann. Erst ganz am Schluß stellt sich die Mutter hinter das Kind und hustet von dort aus.

Der erwähnte Windschirm, den wir noch für manche andere Übungen benötigen, läßt sich auf leichte Weise selbst herstellen. Man spannt lediglich einen dünnen Stoffrest in einen Stickrahmen, den es in jedem Handarbeitsgeschäft zu kaufen gibt.

Variationsmöglichkeiten

A. Zur Aufrechterhaltung des Interesses

1. Wenn die Mutter hustet, darf das Kind
   a) der Puppe ein Taschentuch vor den Mund halten oder
   b) den Kopf der Puppe auf die Seite drehen.
2. Das Kind ahmt das Husten nach und hält die Hand vor seinen eigenen Mund.
3. Aus Zeitschriften und Illustrierten sammeln wir Bilder von Personen, die husten, und kleben sie in ein Heft. Wenn gehustet wird, dreht das Kind eine Seite um.
4. Wir malen einfache Bilder von Personen, die mit offenem Mund husten. Wenn gehustet wird, deckt das Kind jeweils einen Mund mit einem Spielstein zu.

B. Zur Steigerung der Schwierigkeit

1. Wenn das Kind auf ein Geräusch sicher zu reagieren gelernt hat, können wir ein zweites einführen, z. B. das Küssen. Für den Anfang empfiehlt es sich, als Antwort auf die akustische Wahrnehmung eines Kusses ähnliche Tätigkeiten ausführen zu lassen, wie sie schon weiter oben beschrieben worden sind. Weitere Variationsmöglichkeiten sind:
   a) das Kind gibt der Mutter als Antwort einen Kuß und
   b) das Kind gibt seiner Puppe als Antwort einen Kuß.
   c) Wir können es auf Kinderbilder oder auf Fotos von Familienangehörigen küssen lassen.
2. Als nächster Schritt käme die Kombination zweier Geräusche in Frage, die das Kind zu unterscheiden hat. Dabei wird es ratsam sein, das Kind zuerst wieder hören und sehen zu lassen. Erst wenn es eine gewisse Sicherheit erreicht hat, können wir eine Unterscheidung nur über das Gehör erwarten.

a) Hört das Kind das Husten, hält es seine Hand auf den Mund der Puppe. Nimmt es dagegen das Küssen wahr, gibt es der Puppe einen Kuß.
b) Wir spielen das Angelspiel und angeln Bilder von hustenden bzw. küssenden Menschen.
c) Wir spielen auf ähnliche Weise mit der Flanelltafel.
d) Wir spielen mit einer Handpuppe. Das Kind darf der Handpuppe deren Hand vor den Mund halten, wenn gehustet wird. Wenn es einen Kuß hört, darf seine Puppe der Mutter einen Kuß geben. Wenn möglich, soll das Kind dabei das Husten bzw. Küssen laut nachahmen.

C. *Zur Erweiterung des Umfangs*

1. Beherrscht das Kind die unter A und B genannten Übungen, dann können wir an die Hinzufügung weiterer Geräusche denken, z. B.
a) wir gehen,
b) wir springen,
c) wir putzen die Zähne,
d) wir feilen die Fingernägel.
Wir bieten dem Kind verschiedenartige Kombinationen von 2, 3 oder auch 4 dieser und der weiter oben beschriebenen Geräusche an.
2. Selbstverständlich können wir alle erwähnten Geräusche auf Tonband aufnehmen. Nach jedem Geräusch müssen wir eine längere, aber doch niemals gleich lange Pause folgen lassen, während der das Kind genügend Zeit hat, die von ihm erwartete Antwort auszuführen. Die unterschiedliche Länge der Pausen ist erforderlich, damit sich das Kind nicht an einen Rhythmus gewöhnt, sondern bewußt hinzuhören lernt.

4. ÜBUNG

Schnell und langsam

Was soll erreicht werden?

Mit Hilfe dieser kleinen Übung soll das Kind den Unterschied zwischen schnellem und langsamem Tempo lernen.

Was wird dazu benötigt?

Ein gute Trommel.
Eine Puppe, die stehen kann.

Wie wird die Übung durchgeführt?

Wir sagen dem Kind, daß es gut zuschauen und zuhören soll. Dann schlagen wir einmal auf die Trommel und bewegen die Puppe einen Schritt vorwärts. Dann schlagen wir dreimal auf die Trommel, wobei wir jedem Schlag eine Pause folgen lassen, um einen langsamen Eindruck zu erzielen. Nach dem Schlagen sagen wir dem Kind: „Ich habe langsam geschlagen." Die Puppe bewegen wir nun langsam drei Schritte vorwärts auf eine vorher markierte Stelle. Wieder sprechen wir zum Kind: „Die Puppe geht langsam."

Jetzt bringen wir die Puppe auf ihren Ausgangsplatz zurück und sagen dem Kind, daß es wieder aufpassen und gut zuhören soll. Wir wiederholen das Trommelschlagen, lassen diesmal aber die Puppe vom Kind bewegen, wobei wir ihm am Anfang allerdings noch helfen müssen. Jedesmal sprechen wir dabei: „Ich habe langsam geschlagen" und „Die Puppe geht langsam". Auf diese Weise wird weiter geübt bis das Kind ohne unsere Hilfe richtig zu reagieren vermag.

Bei diesem Spiel ist es sehr wichtig, daß das Kind die Puppe erst dann berühren darf, wenn wir das Schlagen beendet haben. Es bestünde sonst die Gefahr, daß das Kind mehr auf die Puppe als auf die Trommel achtet.

Wenn das Kind eine ausreichende Sicherheit erlangt hat, führen wir die schnellen Schläge ein. Dabei wird in der gleichen Weise vorgegangen, wie dies oben für das langsame Schlagen beschrieben worden ist. Selbstverständlich müssen wir jetzt sprechen: „Ich habe schnell geschlagen" und „Die Puppe geht schnell".

Wenn das Kind auch auf die schnellen Schläge richtig zu reagieren gelernt hat, bieten wir ihm langsame und schnelle Schläge im Wechsel an. Am Anfang erleichtern wir ihm seine Aufgabe, indem wir ihm erlauben, daß es uns beim Schlagen auf die Trommel zuschauen darf. Erst wenn es bei gleichzeitigem Hören und Sehen die gewünschten Handlungen fehlerfrei ausführen kann, lassen wir es die Augen schließen oder sich umdrehen. Wir können uns aber auch selbst hinter das Kind stellen. Ist es noch unsicher, dürfen wir ihm vorübergehend erlauben, seine Hand behutsam auf die Trommel zu legen, wenn wir darauf schlagen.

Selbst wenn das Kind noch auf unsere Hilfe angewiesen ist, sollen wir nicht vergessen, es durch ein Lächeln oder ein Streicheln zur weiteren Mitarbeit zu ermuntern.

Variationsmöglichkeiten

A. Zur Aufrechterhaltung des Interesses

1. Wir spielen mit einer Puppe.
    a) Wir legen Rosinen, Puffreis oder andere kleine Leckerbissen auf die markierte Stelle. Wenn das Kind die Puppe richtig dorthin bewegt hat, darf es so tun als ob es sie füttere, die Rosinen usw. jedoch selbst aufessen.
    b) Wir stellen eine Tasse oder ein Glas mit Milch oder Saft auf die markierte Stelle. Diesmal darf das Kind so tun als ob es der Puppe zu trinken gäbe.
    c) Wir legen auf die markierte Stelle Dinge, die wir der Puppe anziehen oder mit der wir sie schmücken können, z. B. ein Kleid, Strümpfe, Schuhe, Schleifen, eine Mütze, einen Mantel, eine Kette, eine kleine Handtasche usw. Jedesmal, wenn das Kind die Puppe entsprechend

den gegebenen Schlägen richtig bewegt hat, darf es ein Stück aufheben. Am Schluß der Übung darf es die Puppe anziehen.
2. Wir benützen Spieltiere.
   a) Wir folgen den Anleitungen, die unter 1 a und b gegeben wurden.
   b) Wir benützen mehrere kleine Spieltiere und lassen sie entsprechend den wahrgenommenen Schlägen langsam oder schnell in eine aus einer Schachtel hergestellte Scheune stellen.
3. Wir benützen kleine Autos
   a) Wir lassen die Autos entweder schnell oder langsam auf einer auf ein Stück Karton gezeichneten Straße zu einem Parkplatz schieben und dort in eingezeichnete Parkflächen abstellen (siehe Abbildung).
   b) Wir lassen die Autos entweder schnell oder langsam in eine Garage fahren (aus Schuhkarton hergestellt).

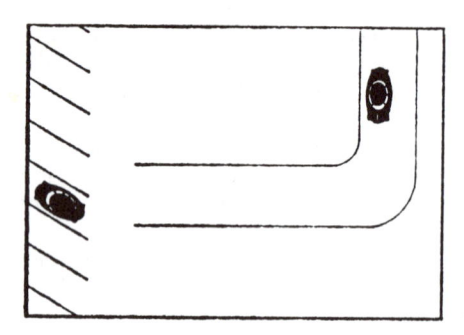

4. Wir benützen die Finger.
   a) Wir lassen das Kind mit den Fingern über den Tisch „laufen" (schnell oder langsam).
   b) Wir erlauben dem Kind mit seinen Fingern unseren Arm „hinaufzulaufen" (schnell oder langsam).
5. Wir lassen das Kind zu einem vorher bestimmten Platz entweder langsam gehen oder schnell laufen.
6. Das Kind darf die langsamen oder schnellen Schläge auf die Trommel wiederholen.
7. Das Kind darf die langsamen oder schnellen Schläge nachahmen, indem es in seine Hände klatscht.

B. Zur Steigerung der Schwierigkeit

1. Je nach Art und Umfang der Hörreste des Kindes können wir an Stelle der Trommel auch andere Instrumente oder Geräusche benützen. Als Beispiel seien angegeben:

Schellen, Holzblocktrommel, Tamburin, Händeklatschen, Triangel, Kastagnette, Pfeife, Horn, Glocke, Klavier usw.

2. Wenn das Kind zwischen schnellem und langsamem Tempo gut unterscheiden gelernt hat, können wir die Übung dadurch schwieriger gestalten, daß wir die Pausen zwischen den einzelnen langsamen Schlägen allmählich verkürzen. Sofern dies das Hörvermögen des Kindes zuläßt, können wir natürlich auch die Lautstärke allmählich vermindern.

C. Zur weiteren Erschwerung

1. Wir bieten dem Kind gleichzeitig zwei Instrumente dar, z. B. ein Tamburin und ein Schlagholz.

   a) Wir zeigen dem Kind die beiden Instrumente und sagen ihm, daß wir bald das eine, bald das andere benützen werden. Am Anfang darf es zuschauen, damit es den Sinn des Spieles erst einmal ganz sicher erfaßt. Die Aufgabe des Kindes ist es, jeweils auf das Instrument zu zeigen, das wir benützt haben. Weiter soll es uns das wahrgenommene Tempo auf eine der oben beschriebenen Arten anzeigen. Erst wenn es dies alles ohne Schwierigkeiten meistert, muß es sich herumdrehen oder doch die Augen schließen.

   b) Auf eine kleine Wandtafel zeichnen wir die folgenden Linien:
   / / / / /   schnelles Schlagen,
   /   /   /   langsames Schlagen.
   Die eng beieinander stehenden Striche bedeuten schnelles, die weit auseinander stehenden langsames Schlagen.
   Außerdem zeichnen wir noch die beiden benützten Instrumente auf die Tafel. Aufgabe des Kindes ist es, das Instrument und das Tempo an der Tafel zu zeigen.

2. Schließlich können wir die Übung auch noch mit drei oder sogar vier verschiedenen Instrumenten durchführen lassen.

5. ÜBUNG

Wir spielen Indianer

Was soll erreicht werden?
Mit Hilfe dieser kleinen Übung wollen wir dem Kind zu der Erkenntnis verhelfen, daß zwischen lautstark und lautschwach ein Unterschied besteht.

Was wird dazu benötigt?
Eine Trommel.
Ein langer Streifen festen Papiers, der um den Kopf des Kindes paßt. Wir wollen ihm daraus einen Indianerkopfschmuck herstellen.
Kleine Streifen Papier, die auf den Streifen geklebt werden.
Ein schwarzer Farbstift.

Wie wird die Übung durchgeführt?
Wir zeigen dem Kind das bereitgelegte Material und sagen ihm, daß es uns helfen darf, einen Kopfschmuck zu machen, der dann ihm gehören soll. Dann schlagen wir kräftig auf die Trommel. Dem Kind sagen wir, daß dies sehr laut war, und tun so als ob wir uns die Ohren fest zuhalten würden. Schließlich machen wir auf einen der kleinen Papierstreifen einen sehr dunklen Strich. Ist dies geschehen, kleben wir den Streifen auf das Kopfband.

Dann schlagen wir nur schwach auf die Trommel und sagen dem Kind, daß es leise war. Um ihm den Sinn deutlich zu machen, können wir
1. den Finger auf den Mund legen,
2. das Kind leicht am Arm berühren und
3. ihm sagen, daß es nicht laut war. Dabei halten wir die Ohren zu und schütteln den Kopf: „Nein, es war nicht laut. Es war leise." Dann machen wir einen schwächeren Strich auf einen der kleinen Papierstreifen und kleben ihn auf das Kopfband.

Bis das Kind den Unterschied zwischen laut und leise ganz sicher erfaßt hat, müssen wir ihm noch visuelle Hilfen bieten, indem wir z. B. seinen Arm je nach dem vorausgegangenen Trommelschlag stark oder schwach berühren.

Variationsmöglichkeiten

A. *Zur Aufrechterhaltung des Interesses*

1. Statt der dunklen und hellen Striche lassen wir dicke und dünne Striche ziehen.
2. Statt die kleinen Papierstreifen auf ein Kopfband zu kleben, fertigen wir Ketten daraus an.

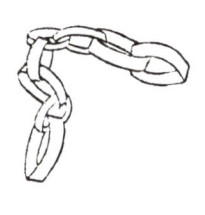

3. Statt der Striche lassen wir das Kind große oder kleine Papiersterne auf die Papierstreifen kleben: Große Sterne für kräftiges Schlagen, kleine Sterne für schwaches Schlagen.
4. Wir benützen eine große und eine kleine Trommel. Auf die große Trommel schlagen wir kräftig, auf die kleine schwach.
5. Wir spielen mit der Flanelltafel. Wir lassen Bilder von großen Trommeln für laut und von kleinen Trommeln für leise an die Tafel heften.
6. Wir zeichnen ein Bild von einer Person, die sich die Ohren zuhält, und von einer anderen Person, die sich den Finger auf den Mund hält. Das Kind beantwortet den wahrgenommenen Ton, indem es
   a) das richtige Bild umdreht oder
   b) irgendetwas auf das richtige Bild legt.
7. Wir geben dem Kind eine Holzblocktrommel, zu der je ein kleiner und ein großer Hammer gehören. Es antwortet auf den wahrgenommenen

Ton durch Schlagen mit dem entsprechenden Hammer (groß = laut, klein = leise).
8. Das Kind darf selbst kräftig oder schwach auf die Trommel schlagen.
9. Das Kind darf das Schlagen nachahmen, indem es entsprechend in die Hände klatscht.
10. An Stelle der Trommel benützen wir eine große und eine kleine Glocke.

B. *Zur Steigerung der Schwierigkeit*
1. Wir lassen das Kind das richtige Instrument finden. Wir fangen z. B. mit zwei Trommeln und zwei Glocken an, die sich in der Größe und in der Lautstärke gut unterscheiden lassen. Nur dann, wenn das Kind vier Instrumente gut voneinander unterscheiden kann, dürfen wir deren Zahl vergrößern.
Das Kind beantwortet den dargebotenen Ton, indem es diesen richtig nachahmt.
2. Wir fertigen uns Bilder von allen Instrumenten an, die wir einsetzen wollen. Das Kind beantwortet deren Wahrnehmung, indem es
   a) das entsprechende Bild an die Flanelltafel heftet,
   b) es auf ein Stück Karton aufklebt,
   c) es angelt oder es
   d) in den Schlitz einer Schachtel steckt.

6. ÜBUNG

Wir lernen Tierstimmen unterscheiden

Was soll erreicht werden?

Das Ziel dieser kleinen Hörübung ist es, das Kind dahin zu bringen, daß es zwei bis drei und, falls möglich, auch noch mehr charakteristische Tierstimmen wahrnehmen und unterscheiden lernt, z. B. „Wauwau", „Muh" und „Baa". Letzteres eignet sich als Nachahmung des Blökens des Schafes wohl besser als unser sonst übliches „Mäh", da die Unterscheidung von „Muh" und „Mäh" für ein hochgradig hörgeschädigtes Kind sonst zu schwierig wäre.

Was wird dazu benötigt?

Drei kleine Spieltiere, z. B. ein Hund, eine Kuh und ein Schaf. Ferner benötigen wir ein Spielfeld, das sich aus einem größeren Stück Karton unschwer selbst herstellen läßt. Wie es ungefähr aussehen soll, ist aus der Abbildung zu ersehen.

Wie wird die Übung durchgeführt?

Mutter und Kind sitzen sich an einem Tisch gegenüber. Das Kind trägt sein Hörgerät oder die Kopfhörer eines Hörtrainers. Zwischen der Mutter und dem Kind liegt auf dem Tisch das Spielfeld. Neben diesem steht zunächst nur die Spielfigur Hund.

Zu Beginn des Spiels ergreift die Mutter den Hund, zeigt ihn dem Kind und spricht dazu „Wauwau". Dann stellt sie ihn in das Rechteck des Spielfeldes, in das ein Bild eines Hundes geklebt oder gezeichnet ist. Dann spricht sie nochmals laut und deutlich „Wauwau". Das Kind darf ihr dabei noch auf den Mund schauen. Dann nimmt die Mutter den Hund und rückt ihn ein Feld vor. Dasselbe wiederholt sie noch einmal.

Sobald das Kind verstanden hat, worum es bei dieser kleinen Spielübung geht, darf es den Hund selbst vorrücken, wenn die Mutter „Wauwau" sagt. Erst wenn das Kind ganz sicher reagiert, wird ihm das „Wauwau" so zugesprochen, daß es dabei nicht mehr auf den Mund schauen kann.

Ähnlich wird dann mit der „Muh" vorgegangen. Erst dann, wenn das Kind das „Muh" so sicher erfaßt, daß es beim jeweiligen Wahrnehmen dieses Wortes die Kuh ein Feld weiter vorrückt, können wir daran gehen, die beiden Tiere Hund und Kuh zusammen auf das Spielfeld zu bringen. Die Tierstimmen werden nunmehr in unregelmäßigem Wechsel dargeboten.

Hat das Kind nach einiger Übung mit den beiden Tierstimmen sichere Bekanntschaft gemacht, wird das Blöken des Schafes als „Baa" wiederum zunächst für sich allein geübt. Erst ganz am Schluß wird versucht, es zusammen mit „Wauwau" und „Muh" zu üben.

Obwohl sich dieses Spiel oft auch bei praktisch tauben Kindern überraschend gut üben läßt (bei ihnen beschränken wir uns für längere Zeit auf „Wauwau" und „Muh", die verhältnismäßig viel leichter zu unterscheiden sind als „Muh" und „Baa"), ist es zuweilen angeraten, dieses kleine Spiel bei sehr tauben Kindern zuerst einige Zeit als kombinierte Hör- und Sehübung durchzuführen, bevor wir es als bloße Hörübung probieren.

Manche Kinder, vor allem die, welche noch über gut verwertbare Hörreste verfügen, werden sehr bald versuchen, die Tierstimmen mehr oder weniger gut nachzuahmen. Wir lassen sie gern gewähren und freuen uns darüber. Hierzu nötigen wollen wir jedoch kein Kind. Das könnte ihnen die Freude an diesen kleinen Übungen nehmen. Diese aber wollen wir ja über möglichst lange Zeit erhalten.

Variationsmöglichkeiten

A. Zur Aufrechterhaltung des Interesses

Dieses Spiel soll für das Kind auf längere Zeit von lebendigem Interesse sein. Dies können wir u. a. dadurch erreichen, daß wir es immer wieder einmal mit anderem Material üben, z. B.
1. mit Plastiktieren,
2. mit Holztieren,

3. mit Tierbildern und
4. mit Schriftkärtchen, auf denen die Namen der Tiere stehen.

Wir können dieses Spiel aber auch abwandeln, indem wir

5. das jeweils benannte Tier in einem Bilderbuch zeigen oder
6. das Kind das jeweils benannte Tier aus einer Schachtel holen lassen, in der sich mehrere Hunde, Kühe und Schafe befinden.
7. Wir geben dem Kind Spielkarten mit Bildern dieser Tiere. Es gibt uns jeweils ein Bild des Tieres, dessen Stimme wir nachgeahmt haben.
8. Wir legen auf einzelne Spielfelder Rosinen, die vom Kind gegessen werden dürfen, sobald es ein Tier dorthin bringt.
9. Wir spielen das Angelspiel.
10. Wir spielen mit der Flanelltafel.

B. Zur Steigerung der Schwierigkeit

Bei etwas älteren Kindern, vor allem bei solchen, die noch über eine größere Hörfähigkeit verfügen, kann man dieses Spiel nicht nur abwandeln, sondern auch noch erschweren, um so ihre akustische Unterscheidungsfähigkeit zu schulen. Hierfür bieten sich u. a. die folgenden Übungsmöglichkeiten an:

1. Die Tierstimmen werden von uns mit leiser Stimme nachgeahmt.
2. Sehr ähnliche Tierstimmen werden von uns nachgeahmt, z. B. „Muh", „Mäh" und „Miau".
3. Die Anzahl der zu unterscheidenden Tierstimmen wird erhöht.
4. Wir verwenden von jedem Spieltier ein großes und ein kleines. Bei lauter Stimme wird das große Tier bewegt, bei leiser Stimme das kleine.

7. ÜBUNG

Wieviel?

Was soll erreicht werden?

Das Ziel dieser kleinen Hörübung ist es, das Kind dahin zu bringen, daß es die Zahlen 1, 2 und 3 auf akustische und bzw. oder vibratorische Weise wahrnehmen und unterscheiden lernt. Die Zahlen werden ihm durch entsprechend häufiges Schlagen auf eine Trommel oder ein Tamburin zur Wahrnehmung gebracht.

Was wird dazu benötigt?

Eine Trommel oder ein Tamburin.

Ferner benötigen wir drei kleine Fahnen. Auf die erste Fahne malen oder nähen wir (falls es eine Stoffahne ist) einen Kreis, auf die zweite zwei und auf die dritte drei Kreise.

Wie wird die Übung durchgeführt?

Auch bei diesem Spiel sitzen sich am Anfang Mutter und Kind gegenüber. Das Kind trägt wie bei jeder Übung sein Hörgerät oder die Kopfhörer eines Hörtrainers. Vor ihm liegen die drei Fahnen auf dem Tisch.

Zu Beginn des Spiels schlägt die Mutter einmal auf die Trommel. Dann nimmt sie die Fahne mit einem Kreis und hebt sie hoch. Auf diese Weise soll dem Kind verständlich gemacht werden, daß das einmalige Schlagen auf die Trommel durch das Heben der Fahne mit einem Punkt zu beantworten ist. Derselbe Vorgang wiederholt sich, wenn die Mutter zwei- bzw. dreimal auf die Trommel schlägt. Dann wird die Fahne mit den zwei bzw. drei Punkten emporgehoben.

Sobald das Kind zu erkennen gibt, daß es verstanden hat, worum es geht, ermuntert man es, nunmehr selbst die entsprechende Fahne zu ergreifen und hochzuheben.

Bei noch kleineren Kindern sowie bei solchen, denen diese Übung anfänglich noch große Schwierigkeiten bereitet, wird man zu Beginn nur die Fahne mit dem einen Punkt verwenden. Dann wird man wiederum für sich allein nur die Fahne mit den zwei Punkten nehmen. Bei diesen Kindern wird man also sehr behutsam Schritt für Schritt vorgehen.

Auch bei dieser Hörübung mit den drei Fahnen darf das Kind am Anfang der Mutter noch zuschauen. Erst wenn es ganz sicher erfaßt hat, wird ihm das Trommelschlagen allein über das Gehör dargeboten. Die Mutter tritt dabei am besten hinter den Rücken des Kindes.

Variationsmöglichkeiten

A. Zur Aufrechterhaltung des Interesses
1. Wir wechseln das Instrument. An Stelle der Trommel oder des Tamburins benützen wir ein Horn, eine Viehschelle, eine Pfeife, eine Holzblocktrommel, einen Hammer, eine Glocke usw.
2. Wir lassen die Antworten auf andere Art geben. Das Kind zeigt die Anzahl der ihm dargebotenen akustischen Reize dadurch an, daß es
   a) jeweils einen, zwei oder drei Finger hebt,
   b) jeweils einen Turm aus einem, zwei oder drei Bausteinen baut,
   c) die entsprechende Anzahl von Lego-Steinen, Perlen, Bauklötzern usw. in eine Schachtel legt,
   e) Bilder, die vor ihm auf dem Tisch liegen und auf denen z. B. ein Haus, zwei Häuser oder drei Häuser dargestellt sind, herumdreht.

B. Zur Steigerung der Schwierigkeit
Bei etwas älteren Kindern sowie bei den Kindern, die sich gut konzentrieren können und an diesen Übungen viel Freude haben, kann man größere Anforderungen an ihre Gedächtniskraft stellen. Folgende Übungsmöglichkeiten sind denkbar:
1. Die Anzahl der Anschläge wird erhöht.
2. Es werden zwei verschiedene Instrumente benützt.
3. Die Anschläge werden so leise wie noch möglich gemacht.
4. Die Anschläge werden in unregelmäßigem Wechsel laut und leise dargeboten.

8. ÜBUNG

Ringe und Dinge

Was soll erreicht werden?

Diese kleine Übung soll dem Kind helfen, hohe Töne von tiefen Tönen unterscheiden zu lernen.

Was wird dazu benötigt?

Ein Steckbrett, das unschwer aus einer Sperrholzplatte angefertigt werden kann. Ringe, die man sich aus ungefähr 15 cm langen und 4 cm breiten Papierstreifen herstellt. Zwei Holzstäbe, von denen man einen in eines der obersten und einen in eines der untersten Löcher des Steckbrettes steckt. Eine Mundharmonika.

Wie wird die Übung durchgeführt?

Nachdem man das Steckbrett so aufgestellt hat, wie es auf der Abbildung zu sehen ist, spielen wir dem Kind zunächst einen hohen Ton vor und hängen dann einen Ring auf den oberen Stab. Danach spielen wir dem Kind einen tiefen Ton vor und hängen einen Ring auf den unteren Stab. Bei der Wiederholung darf das Kind die Ringe aufhängen. Damit es ganz klar erfassen kann, was wir von ihm erwarten, geben wir ihm am Anfang noch eine Hilfe, indem wir beim Spielen des hohen Tones eine Hand erheben und beim Spielen des tiefen Tones senken.

Zu Beginn dieser Übung wählen wir zwei Töne, die weit auseinander liegen. Später können wir den Abstand etwas verringern, um die Unterscheidung zu erschweren.

Sobald das Kind ganz sicher erfaßt hat, was es tun soll, stellen wir uns hinter seinen Rücken, so daß es uns beim Spielen nicht mehr beobachten kann. Macht es noch Fehler, verbessern wir diese, indem wir ihm Handzeichen geben und erlauben, uns beim Vorspielen zuzuschauen.

Variationsmöglichkeiten

A. *Zur Aufrechterhaltung des Interesses*

1. Wir fertigen Ringe aus Pfeifenreinigern an oder benützen Gardinenringe.
2. Wir lassen die Ringe abhängen statt aufhängen.
3. Wir stellen einen Schuhkarton auf. Vorher haben wir eine seiner Seiten mit zwei Löchern versehen, und zwar eines oben und eines unten. Nach jedem Ton geben wir dem Kind einen Tischtennisball oder eine Murmel. War es ein hoher Ton, steckt es den Ball in das obere Loch, bei einem tiefen Ton in das untere Loch.

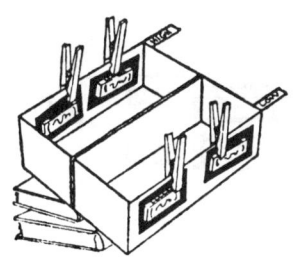

4. Zwei leere Schuhkartons werden ohne ihre Deckel an ihren langen Seiten zusammengeklebt, so daß zwei Abteilungen entstehen, wie dies auf der Abbildung zu sehen ist. Dann fertigen wir uns aus Pappe einige Bilder von Mundharmonikas bzw. von dem Instrument, das wir gerade benützen.

   a) Wir holen so viele Klammern wie wir Bilder haben. Wird ein hoher Ton vorgespielt, befestigt das Kind ein Bild mit einer Klammer am oberen Rand des oberen Kartons. Beim Wahrnehmen eines tiefen Tones wird das Bild am unteren Rand des unteren Kartons angeklammert.

b) Wir lassen die Bilder entsprechend den dargebotenen Tönen in die obere oder untere Schachtel legen.
c) Wir spielen das Angelspiel. Alle Bilder werden mit einer Büroklammer aus Metall versehen und vor Beginn des Spieles gleichmäßig in die beiden Abteilungen verteilt. Wird ein hoher Ton gehört, darf das Kind ein Bild aus der oberen Abteilung angeln und umgekehrt.
5. Wir zeichnen auf eine Tafel oder auf ein Stück Karton zwei Mundharmonikas bzw. zwei andere Instrumente, und zwar ein Instrument oben und eines unten. Das Kind deutet auf das obere Bild, wenn es einen hohen Ton hört, und auf das untere Bild, wenn es einen tiefen Ton wahrnimmt.

B. Zur Steigerung der Schwierigkeit

1. Wir benützen andere Instrumente.
   a) Geige: Wenn das Kind die Tonhöhen nicht unterscheiden kann, geht man wieder zu stärkeren Instrumenten zurück.
   b) Klavier: Dieses ist leichter zu unterscheiden, da es lauter und stärker als eine Mundharmonika ist. Außerdem kann das Kind beim Klavier auch noch die Schwingungen abtasten.
   c) Wir legen einen Kamm, über den wir ein Stück Butterbrotpapier gefaltet haben, an den Mund und summen. Wir summen abwechselnd hohe und tiefe Töne.
   d) Wir füllen zwei Gläser oder Flaschen mit Wasser, und zwar in ein Glas mehr als in das andere. Beim Anschlagen mit einem Löffel entstehen infolge der unterschiedlichen Wassermenge verschieden hohe Töne.

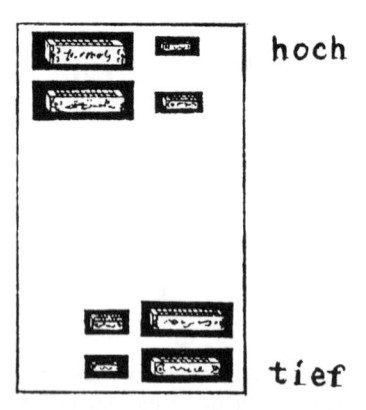

2. Wir verbinden laut und leise mit hoch und tief. Diese Übung führen wir am besten mit der Flanelltafel durch. Wir zeichnen auf festes Papier sechs große und sechs kleine Mundharmonikas und schneiden sie aus. Jedes

der insgesamt zwölf Bilder wird auf der Rückseite mit einem Streifen Haftstoff (Alphatexpapier) versehen, so daß wir sie an die Flanelltafel hängen können.

Nun spielen wir dem Kind einen lauten, tiefen Ton vor und hängen eine große Mundharmonika unten rechts auf die Flanelltafel. Dann spielen wir ihm einen leisen, tiefen Ton vor und hängen eine kleine Mundharmonika links davon auf die Tafel. In ähnlicher Weise verfahren wir mit dem lauten, hohen und dem leisen, hohen Ton.

3. Wir lassen die Kinder Handzeichen machen. Beim Wahrnehmen eines hohen Tones hebt das Kind die Hand, bei einem tiefen Ton senkt es die Hand.
4. An Stelle der Handzeichen lassen wir das Kind die wahrgenommene Tonhöhe mit seiner Stimme nachahmen.

9. ÜBUNG

Wir schwenken Fahnen

Was soll erreicht werden?

Diese kleine Übung soll das Kind nicht nur auf Musik aufmerksam machen, sondern ihm auch Freude an der Musik vermitteln und es wissen lassen, wann sie eingeschaltet und wann sie ausgeschaltet ist.

Was wird dazu benötigt?

Eine Schallplatte, nach Möglichkeit ein Marsch mit starkem Rhythmus. Eine Fahne.

Wie wird die Übung durchgeführt?

Wir sitzen mit dem Kind am Tisch. Vor uns steht ein Plattenspieler, auf den wir eine Schallplatte auflegen. Dann setzen wir den Plattenspieler in Tätigkeit und zeigen dabei auf unser Ohr und sprechen: „Die Musik ist an. Ich höre die Musik." Alsdann heben wir die vor uns auf dem Tisch liegende Fahne hoch und schwenken sie im Takt der Musik.

Nach einer Weile unterbrechen wir die Musikdarbietung. Wir zeigen wieder auf unser Ohr und sprechen: „Die Musik ist aus. Ich höre die Musik nicht

mehr." Die Fahne legen wir wieder auf den Tisch zurück.
Nun geben wir dem Kind die Fahne in die Hand. Wir sagen ihm, daß es warten soll, bis die Musik eingeschaltet ist. Ist dies geschehen, sprechen wir wieder „Die Musik ist an. Ich höre die Musik". Fängt das Kind nicht schon von selbst an, die Fahne zu schwenken, helfen wir ihm dabei. Nach einer Weile unterbrechen wir die Musik wieder und sprechen: „Die Musik ist aus. Ich höre die Musik nicht mehr." Fährt das Kind trotzdem noch fort, die Fahne zu schwenken, helfen wir ihm, sie auf den Tisch zurückzulegen.

Sobald das Kind in seinen Reaktionen eine gewisse Sicherheit erlangt hat, darf es nicht mehr sehen, wie wir den Plattenspieler ein- und ausschalten. Es darf jetzt nur noch hören.

Variationsmöglichkeiten

A. *Zur Aufrechterhaltung des Interesses*

1. Das Kind bekommt eine kleine Puppe. Wenn die Musik eingeschaltet wird, darf es die Puppe tanzen lassen. Wird sie unterbrochen, muß es die Puppe ruhig halten.
2. Wir geben dem Kind eine Kasperlepuppe. Ist die Musik zu hören, darf es die Puppe tanzen lassen, ist sie ausgeschaltet, muß es die Puppe hinlegen oder unter den Tisch halten.
3. An Stelle der Fahne lassen wir ein buntes Halstuch schwenken.
4. Das Kind darf selbst zur Musik tanzen. Setzt sie aus, muß es still stehen.
5. Das Kind darf zur Musik zwei Stöcke aufeinander schlagen oder in die Hände klatschen.

B. *Zur Steigerung der Schwierigkeit*

1. Das Kind antwortet je nach sprachlichem Können
   a) „an", „aus",
   b) „Die Musik ist an", „Die Musik ist aus" oder
   c) „Ich höre die Musik", „Ich höre die Musik nicht mehr".
2. Wir verringern die Lautstärke.
3. Wir vergrößern den Abstand Kind—Plattenspieler.

10. ÜBUNG

Laute und leise Musik

Was soll erreicht werden?

Das Ziel dieser kleinen Hörübung ist es, das Kind zum bewußten Unterscheiden von lauter und leiser Musik zu befähigen.

Was wird dazu benötigt?

Eine Schallplatte mit einem Musikstück, bei dem laute und leise Stellen immer wieder abwechseln. Der Lautstärkenunterschied muß allerdings sehr deutlich wahrnehmbar sein.

Wenn wir keine Schallplatte mit Musik unterschiedlicher Lautstärke zur Verfügung haben, können wir uns auch damit behelfen, daß wir durch entsprechende Bedienung des Lautstärkereglers am Plattenspieler die Musik abwechselnd sehr laut und sehr leise werden lassen.

Weiter benötigen wir noch zwei Bilder von Kindern, deren Gesichtsausdruck und Handbewegung deutlich zu erkennen geben, daß sie das Laute als unangenehm und das Leise als angenehm empfinden. So wird sich z. B. das eine Kind die Ohren zuhalten, während das andere Kind seinen Zeigefinger vor den Mund hält.

Schließlich brauchen wir noch eine größere Anzahl von Spielfiguren, die das Kind als Antwort auf das von ihm Wahrgenommene auf eines der beiden Bilder stellen oder legen kann.

Wie wird die Übung durchgeführt?

Zu Beginn dieser Hörübung legt man die schon erwähnten beiden Kinderbilder vor das Kind auf den Tisch. Dann läßt man zunächst die Stellen der Schallplatte abspielen, die laute Musik wiedergeben. Dabei zeigen wir auf das Bild, auf dem das Kind zu sehen ist, dem das Laute unangenehm ist, und ahmt dessen Mimik nach. So hält man sich z. B. die Ohren zu. Ferner machen wir auf unseren Gesichtsausdruck aufmerksam, der anzeigt, daß wir das Laute als schmerzhaft empfinden. Schließlich können wir auch noch die Ohren des Kindes zuhalten, um ihm klar zu machen, daß die Musik laut ist. Was immer wir auch tun mögen, zu jeder Handlung sollen wir sprechen: „Es ist laut."

Dann lassen wir die leisen Stellen der Schallplatte abspielen. Diesmal zeigen wir auf das andere Bild und dramatisieren die darauf abgebildete Haltung. Diesmal muß es natürlich heißen: „Es ist leise."

Diese Einleitung zu dieser Hörübung wiederholen wir so oft, bis wir davon überzeugt sind, daß das Kind der jeweils gespielten Lautstärke das richtige Bild zuordnet.

Jetzt erst geben wir dem Kind eine Spielfigur, die es solange an sein Ohr halten soll, wie die laute Musik wahrnehmbar ist. Sobald sie verstummt, nehmen wir die Hand des Kindes, führen sie zu dem „lauten Bild" und lassen die Spielfigur darauf setzen. Selbstverständlich heißt es auch jetzt wieder: „Es ist laut."

Dann bekommt das Kind eine neue Spielfigur. Ertönt die leise Musik, lassen wir die Figur vor seinen Mund halten. Sobald sie verstummt, nehmen wir die Hand des Kindes, führen sie zu dem „leisen Bild", auf das nun die Figur gestellt wird. Diesmal heißt es wieder: „Es ist leise."

Das Spiel wird auf diese Weise so lange fortgesetzt, bis das Kind auch ohne Hilfe die richtige Antwort zu geben vermag. Dies ist dann der Fall, wenn es die ihm gereichten Spielfiguren selbständig auf die zur jeweiligen Musik passenden Bilder stellen kann. Kann das Kind schon sprechen, werden wir es auffordern, beim Absetzen der Figuren „es ist laut" bzw. „es ist leise" zu sagen.

Variationsmöglichkeiten

A. Zur Aufrechterhaltung des Interesses

1. An Stelle einer Schallplatte benützen wir Musikinstrumente, etwa eine Mundharmonika oder ein Klavier. Welches Instrument wir auch nehmen mögen, wichtig ist, daß der Unterschied zwischen laut und leise deutlich wahrnehmbar ist. Beim Spielen eines Instrumentes ist es empfehlenswert, den Kraftaufwand, der notwendig ist, um einen lauten Ton hervorzubringen, zunächst bewußt zu übertreiben. Wenn das Kind nämlich sieht, daß eine große Anstrengung nötig ist, um einen lauten Ton zu erzeugen, und nur ein geringer Kraftaufwand, um einen leisen Ton hervorzubringen, wird es ihm leichter fallen, eine Vorstellung von „laut" und „leise" zu bekommen. Hat das Kind den Unterschied jedoch richtig erfaßt, ist es nicht mehr nötig, die Kraftanstrengung zu übertreiben. Wir können dann sogar dazu übergehen, das Instrument beim Spielen zu verdecken (sofern es sich um ein kleines Instrument handelt). Damit können wir jedoch erst dann beginnen, wenn das Kind zuvor lange genug zuschauen und hören durfte und dabei richtig zu antworten gelernt hat. Benützen wir ein größeres Instrument, das sich nicht verdecken läßt, fordern wir das Kind auf, sich während des Spielens umzudrehen.
2. Wir benützen andere Bilder, die wir vielleicht in einer illustrierten Zeitschrift gefunden haben. Wir können aber auch Aufnahmen vom Kind machen, wenn es gerade die beiden Reaktionen ausführt, und Vergrößerungen davon benützen.
3. Wenn das Kind ganz sicher erfaßt hat, was laut und leise bedeutet, können wir ihm auch verschiedene Bilder von Musikinstrumenten anbieten, z. B. Bilder von großen und von kleinen Trommeln. Die Bilder mit der großen Trommel finden bei lautem Trommelschlagen, die mit der kleinen Trommel bei leisem Trommelschlagen Anwendung. Das Kind wirft das dem Wahrgenommenen entsprechende Bild in eine vor ihm stehende Schachtel.
4. Vielen Kindern macht es Spaß, wenn sie beim Wahrnehmen lauter Musik mit ihren Händen kräftig auf den Tisch schlagen dürfen. Ertönt leise Musik, sollen sie ihre Hände ruhig auf den Tisch legen.
5. Wir lassen die Kinder zu lauter Musik mit kräftigen Marschschritten und zu leiser Musik auf Zehenspitzen laufen.
6. Wir lassen die Antworten mit einem Stück Kreide oder mit einem Bleistift geben. Bei lauter Musik wird ein dicker, bei leiser Musik ein dünner Strich gemacht.

B. Zur Steigerung der Schwierigkeit

1. Wir bieten Töne dar, die sich in ihrer Lautstärke nur geringfügig unter-

scheiden. Das Kind zeigt an, ob der dargebotene Ton lauter oder leiser ist als der vorausgegangene.
2. Wir setzen mehrere Instrumente ein. Diese sollen sich in ihrer Tonhöhe gut voneinander unterscheiden. So können wir z. B. mit einer Trommel beginnen, dann eine Trillerpfeife benützen und am Schluß noch eine kleine Glocke nehmen. Bei dieser Übung soll das Kind lernen, die Tonhöhe nicht zu beachten und sich nur auf die unterschiedliche Lautstärke zu konzentrieren.

11. ÜBUNG

Musik macht Spaß

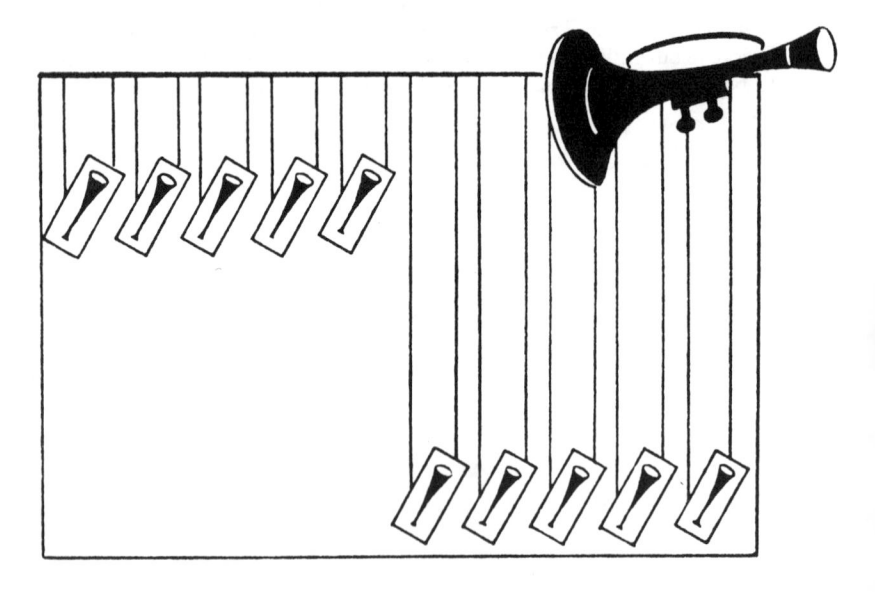

Was wird dazu benötigt?

Mit dieser Übung wollen wir dem Kind zum Unterscheiden von Tonhöhen in der Musik verhelfen.

Was wird dazu benötigt?

Ein Horn, mit dem wir sowohl hohe als auch tiefe Töne erzeugen können. Steht ein solches Horn nicht zur Verfügung, kann man an seiner Stelle zwei Hörner verwenden, eines mit einem hohen und eines mit einem tiefen Ton. Wenn das Kind das Blasen nachahmen soll, benötigen wir zwei bzw. vier Hörner.

Ferner benötigen wir ein Stück Karton, das ungefähr 30 × 45 cm groß sein soll. Darauf malen wir mehrere lange und mehrere kurze Streifen von ungefähr 2 cm Breite. An Stelle der mit hellen Farben bemalten Streifen können wir auch Streifen aus buntem Papier schneiden und sie auf den Karton kleben.

Auf das Ende eines jeden bunten Streifens stecken wir schließlich ein Bild eines Hornes, das dem von uns benützten Instrument ähnlich sieht.

Wie wird die Übung durchgeführt?

Wir sitzen dem Kind gegenüber am Tisch. Auf dem Tisch zwischen uns beiden steht der Karton. Wenn wir in das Horn blasen, verstecken wir unser Gesicht dahinter. Wurde ein hoher Ton geblasen, darf das Kind ein Papierhorn von einem der langen Streifen abnehmen. Beim Blasen eines tiefen Tones nimmt das Kind ein Papierhorn von einem kurzen Streifen ab. Benötigt das Kind noch Hilfe, wird sie ihm selbstverständlich gewährt. Hat es die Aufgabe richtig gelöst, wird es gelobt.

Variationsmöglichkeiten

A. *Zur Aufrechterhaltung des Interesses*
1. An Stelle des Hornes können wir jedes andere Instrument verwenden, z. B. ein Klavier, Glocken, ein Xylophon, eine Mundharmonika usw. Man kann aber auch im Wechsel einmal hoch und einmal tief singen. Bei dieser Übung werden dann keine Bilder mit einem Horn verwendet, sondern solche von dem jeweils benützten Instrument oder von einer singenden Person.
2. Bei etwas älteren Kindern können wir die kleinen Bilder durch ausgeschnittene Notenbilder ersetzen.
3. Die Kinder halten die Bilder bzw. Noten in der Hand und hängen sie auf den Streifen, welcher der wahrgenommenen Tonhöhe entspricht.
4. Das Kind deutet mit dem Finger oder einem Zeigestock auf die Bilder oder Noten.
5. Das Kind zeigt die wahrgenommene Tonhöhe an, indem es die Bilder hoch oder niedrig hält.

B. *Zur Steigerung der Schwierigkeit*
1. Wir lehren das Kind einfache Lieder und Reime und lassen diese von ihm mitsingen, wenn sie auf einer Schallplatte gespielt werden.
2. Wir lassen das Kind in einer Familiengruppe mitsingen, wie unvollkommen sein Gesang auch sein mag.
3. Wenn das Kind schon lesen kann, geben wir ihm die Texte der einfachen Lieder, damit es diese mitlesend singen kann.
4. Zeigt das Kind Interesse, eines der benützten Instrumente spielen zu lernen, sollten wir ihm die Möglichkeit dazu bieten, allerdings nur, wenn wir für diesen Unterricht einen geduldigen und verständnisvollen Lehrer finden.
5. Wir führen zwischen hoch und tief noch eine mittlere Tonlage ein. Hierfür müssen wir noch einige mittelgroße Streifen zusätzlich zu den anderen Streifen auf den Karton kleben.
6. Wir benützen zwei verschiedene Instrumente. Das Kind muß nun nicht nur zwischen hoch, mittel und tief, sondern auch zwischen den beiden Instrumenten unterscheiden.

12. ÜBUNG

Rhythmische Instrumente

Was soll erreicht werden?

Mit Hilfe dieser kleinen Übung wollen wir dem Kind zum bewußten Beachten und Unterscheiden verschiedener rhythmischer Instrumente verhelfen.

Was wird dazu benötigt?

Ein Abdeckschirm aus Pappe, der ungefähr 40 × 60 cm groß sein soll
Verschiedene rhythmische Instrumente, z. B.
Schlaghölzer, Triangel, Rasseln, Glocken, Zimbeln, Tamburine, Trommeln usw.

Von diesen Instrumenten soll nach Möglichkeit jeweils ein Paar vorhanden sein, nämlich ein Instrument für die Lehrperson und ein Instrument für das Kind.

Wie wird die Übung durchgeführt?

Wir führen dem Kind jedes Instrument einzeln vor, und zwar so lange, bis es jedes einzelne zu erkennen vermag. Wie lange wir dazu benötigen, hängt von der Reife sowie vom Hörverlust des Kindes ab.

Das nachfolgende Beispiel soll als Muster für die Einführung aller oben genannten Instrumente dienen:

Wir setzen uns mit dem Kind an den Tisch. Zwischen uns beiden steht in der Mitte des Tisches ein Abdeckschirm. Auf jeder Seite des Schirmes liegt ein Paar Schlaghölzer. Die Mutter, oder wer immer mit dem Kind üben mag, ergreift die vor ihr liegenden Schlaghölzer, hebt sie über den Schirm, so daß sie vom Kind gut gesehen werden können, und schlägt sie zusammen. Das Kind nimmt daraufhin die vor ihm liegenden Schlaghölzer in die Hände und schlägt sie ebenfalls zusammen.

Nachdem uns das Kind lange genug zuhören und zuschauen durfte, versuchen wir, es nur noch zuhören zu lassen. Die Schlaghölzer werden hinter dem Pappschirm zusammengeschlagen. Das Kind beantwortet das Zusammenschlagen der Hölzer durch Wiederholung des gleichen Vorgangs mit seinen Schlaghölzern.

Bei dieser Übung müssen wir darauf achten, daß die Hölzer in unregelmäßigen Abständen zusammengeschlagen werden, so daß das Kind nicht schon im voraus weiß, wann es seine Antwort geben soll.

Variationsmöglichkeiten

A. Zur Aufrechterhaltung des Interesses

1. Bei der Benützung rhythmischer Instrumente:
   a) das Kind darf einmal im Zimmer herum laufen und das wahrgenommene Instrument spielen;
   b) es darf aufstehen und das Instrument spielen;
   c) wir halten das Instrument außer Sichtweite des Kindes, z. B. hinter seinen Rücken oder unter den Tisch. Sobald das Kind unser Instrument wahrnimmt, antwortet es mit seinem Instrument. Hin und wieder tun wir so als ob wir auf unserem Instrument spielen. Damit wollen wir erreichen, daß sich das Kind nicht auf unsere Armbewegungen verläßt und sie als Hilfen benützt.
   d) Das Kind spielt ein rhythmisches Instrument und läßt sich von uns antworten.
2. Bei der Benützung von Schallplatten:
   Wir benützen Schallplatten mit einem deutlichen Rhythmus, z. B. einen Marsch, einen Walzer oder ein Wiegenlied.
   a) Das Kind beantwortet den Rhythmus der Schallplatte durch Spielen eines rhythmischen Instrumentes.
   b) Das Kind und die Mutter spielen zwei verschiedene Instrumente und ahmen mit ihnen den Rhythmus der Schallplatte nach.

B. Zur Steigerung der Schwierigkeit

1. Wir benützen in buntem Wechsel mehrere Instrumente. Das Kind muß anzeigen, welches Instrument wir gespielt haben.
2. Das Kind muß unter verschiedenen Instrumenten das richtige angeben, auch wenn es nur ganz leise gespielt wurde.
3. Das Kind muß das benützte Instrument zeigen und den ihm dargebotenen Rhythmus nachahmen.

13. ÜBUNG

Wir parken das Auto

Was soll erreicht werden?

Mit Hilfe dieser kleinen Übung soll das Kind lernen, bewußt auf die Dauer einer Stimme zu achten.

Was wird dazu benötigt?

Ein langes Stück Packpapier oder Karton, das eine Straße darstellen soll. Dazu mehrere Spielzeugautos. Durch die Mitte des Packpapiers ziehen wir mit schwarzem Farbstift eine dicke Linie, welche die halbe Wegstrecke markieren soll. Unterhalb dieser Linie ziehen wir, wie auf der Abbildung zu sehen, mehrere kurze Linien. Auf diese Weise gewinnen wir Abstellflächen für unsere Autos. Am oberen Ende des Packpapiers zeichnen wir auf gleiche Weise weitere Parkplätze ein.

Wie wird die Übung durchgeführt?

Zuerst zeigen wir dem Kind das Übungsmaterial. Dann erzählen wir ihm, daß es uns gut zuhören soll und daß es später die Autos fahren und parken darf.

Nun sprechen wir ein langanhaltendes uuuu .... Während wir dies tun, schieben wir ein Auto über den ganzen Bogen hinweg vom Startpunkt bis zum obersten Parkplatz. Wenn wir dort ankommen, sagen wir „Halt!" und lassen das Auto stehen. Dann sprechen wir wieder ein uuuu...., diesmal allerdings kürzer. Während wir dies tun, schieben wir ein weiteres Auto bis an die Mittellinie. Wenn wir sie erreichen, sagen wir „Halt!" und parken das Auto auf einer der dort eingezeichneten Abstellflächen.

Um dem Kind den Sinn dieser Übung noch klarer zu machen, können wir ihm noch folgende Hilfen geben:
1. Wir messen mit unserer Hand die kurze Entfernung und sagen dem Kind, daß sie kurz ist.
2. Wir messen auf gleiche Weise die lange Entfernung und sprechen: „Das ist lang."

Im weiteren Verlauf der Übung darf das Kind selbst die Autos fahren und parken. Wir sprechen entweder das kurze oder das lange „uuuu.... Halt!" Dabei führen wir anfangs noch seine Hand. Auf diese Weise stellen wir sicher, daß es die Autos nur dann vorwärts bewegt, wenn es das „uuuu...." hört, und sie anhält, sobald das „Halt!" ertönt. Bis das Kind den Sinn der Übung ganz sicher erfaßt hat, darf es uns zuschauen, zuhören und sich gegebenenfalls auch des Tastsinnes bedienen. Nach jeder richtigen Antwort des Kindes sprechen wir „Das war kurz" oder „Das war lang". Erst wenn das Kind ganz sicher reagiert, verdecken wir unseren Mund mit einem Blatt Papier oder einem kleinen Windschirm, so daß es unser Sprechen nicht mehr sehen kann.

Werden die Antworten des Kindes bei verdecktem Gesicht jedoch wieder unsicher, müssen wir ihm nochmals für einige Zeit das Abfühlen der Stimme, gegebenenfalls sogar nochmals das Zuschauen erlauben.

Nicht jedes Kind wird diese kleine Übung schnell erlernen. Alter und Hörverlust spielen neben anderen Faktoren eine wichtige Rolle beim Lernprozeß. So wollen wir das Kind oft loben und niemals mutlos machen.

Variationsmöglichkeiten

A. Zur Aufrechterhaltung des Interesses

1. Das Kind darf kleine Puppen, Hunde oder Katzen die ganze oder die halbe Strecke bis zu den Parkflächen bewegen.
2. Wir legen Rosinen oder andere Leckereien in die Parkflächen. Das Kind darf je nach dem vorgegebenen Signal eine Puppe bis zu einem Parkplatz laufen und die dort liegende Rosine aufheben lassen. Zur Belohnung darf es diese dann selbst essen.
3. Wir können auch zwei Straßen benützen, eine kurze und eine lange.

4. Wir spielen mit kleinen Flugzeugen, die das Kind über eine kurze und eine lange Rollbahn rollen läßt.
5. Wir malen mit blauer Farbe auf einen großen Bogen weißen Zeichenpapiers einen See mit einer kleinen Insel in seiner Mitte. Über diesen See lassen wir kleine Boote fahren. Bei einem kurzen „u" darf das Boot nur bis zur Insel, bei einem langen „u" dagegen über den ganzen See fahren.
6. Aus Pappe oder Karton fertigen wir zwei abfallende Rollbahnen an, eine kurze und eine lange. Entsprechend der Länge des vorgegebenen Signals darf das Kind eine Murmel die kurze oder die lange Rollbahn hinunterrollen lassen.
7. Wir lassen das Kind ein Spielzeug über die ganze oder die halbe Länge des Spielzimmers schieben. Diese Übung setzt allerdings voraus, daß das Kind bereits ein ausgeprägtes Aufgabenbewußtsein besitzt und immer wieder zur weiteren Mitarbeit an den Tisch zurückkehrt.

B. Zur Steigerung der Schwierigkeit

1. Wir bieten dem Kind einen anderen, nicht so leichten Selbstlaut wie das „u" an.
2. Wir sprechen dem Kind Leiselaute zu, z. B.

   f, s und sch   Bei diesen Lauten darf das Kind am Anfang an unserer Wange abfühlen. Außerdem darf es eine Hand vor unseren Mund halten und so den Luftstrom fühlen, den wir beim Sprechen dieser Laute abgeben.

   m und n   Bei diesen Lauten darf das Kind die dabei entstehenden Schwingungen an Mund und Nase abfühlen.
3. Im Zusammenhang mit dem z läßt sich folgende Übung durchführen: führen:
   a) Das Kind läßt eine Spielbiene oder -fliege eine bestimmte Strecke weit fliegen.
   b) Wir verwenden mehrere Spielbienen oder -fliegen und lassen sie auf in kurzer oder langer Entfernung aufgestellte Bäume fliegen.
4. Wir lassen das Kind die Länge von zwei verschiedenen Selbstlauten unterscheiden, z. B. a und u. Wir zeichnen hierfür zwei entsprechende Gesichter (siehe Abbildungen bei Übung Nr. 15). Je nach der Länge des gesprochenen Selbstlautes darf das Kind ein kurzes oder ein langes Holzstäbchen unter das passende Gesicht legen.

14. ÜBUNG

Wie laut ist es?

Was soll erreicht werden?

Mit Hilfe dieser kleinen Übung soll das Kind den Unterschied zwischen einem laut und einem leise gesprochenen Selbstlaut erkennen lernen.

Was wird dazu benötigt?

Zwei Schachteln, die in ihrer Grundfläche ungefähr die Größe einer Postkarte haben sollen. Dazu zwei Mundbilder, ausgeschnitten aus rotem Glanzpapier, mit der Mundstellung des Selbstlautes a (wie im Wort ‚Vater'). Ein Mund soll groß, der andere klein sein.
Auf jede Schachtel kleben wir eines der beiden Mundbilder. Außerdem schneiden wir in den Deckel einer jeden Schachtel ein Loch, das so groß sein soll, daß wir bequem eine Murmel hindurchstecken können.

Wie wird die Übung durchgeführt?

Bei diesem Spiel soll das Kind das laute ‚a' mit dem großen Mund und das leise ‚a' mit dem kleinen Mund identifizieren.
Zu Beginn stellen wir die beiden Schachteln vor das Kind. Außerdem legen wir einige Murmeln außerhalb der Reichweite des Kindes bereit.
Das Spiel fängt damit an, daß wir ein lautes ‚a' sprechen. Dieses darf das Kind gleichzeitig abtasten, sehen und hören. Dann sprechen wir zum Kind: „Es war laut", nehmen eine Murmel und stecken sie durch das Loch in der Schachtel mit dem großen Mund.

Dann geben wir dem Kind eine Murmel, helfen ihm sie an sein Ohr zu halten und sprechen wieder ein lautes ‚a'. Sobald dieses verklungen ist, führen wir die Hand des Kindes zu der Schachtel mit dem großen Mund und lassen es dort seine Murmel hineinstecken.
Nun sprechen wir ein leises ‚a'. Wir sagen dem Kind, daß es leise war, holen eine Murmel und stecken sie in das Loch im Deckel der Schachtel mit dem kleinen Mund. Dann fahren wir fort, wie beim lauten ‚a' beschrieben worden ist.
Sobald das Kind das Spiel erfaßt hat, verdecken wir unseren Mund mit einem kleinen Windschirm. Macht es einen Fehler, lassen wir es noch einmal hören, lassen es diesmal jedoch wieder abfühlen. Der Mund bleibt dagegen noch verdeckt. Erst wenn es auch dann noch nicht richtig antwortet, lassen wir es noch einmal auf den Mund schauen.
Bei dieser Übung kommt es sehr darauf an, daß wir dem Kind ein lautes und leises ‚a' nicht abwechselnd, sondern in völlig willkürlicher Folge darbieten, also auch einmal einem leisen ‚a' mehrere laute ‚a' folgen lassen.

Variationsmöglichkeiten

A. Zur Aufrechterhaltung des Interesses

1. Wir benützen dieselben Schachteln
   a) Wir kleben statt der Mundbilder zwei Gesichter auf, von denen das eine einen großen und das andere einen kleinen Mund hat.
   b) Wir benützen Mundbilder von anderen Selbstlauten, z. B. von ‚u' oder von ‚i'.
   c) An Stelle der Murmeln lassen wir Rosinen oder Puffreiskörner in die Schachteln stecken, die das Kind am Schluß der Übung aufessen darf.
2. Wir benützen eine Flanelltafel. Wir schneiden eine größere Zahl großer und kleiner Mundbilder und bekleben sie auf der Rückseite mit Alphatexpapier. Dem vorgegebenen Laut entsprechend lassen wir vom Kind die richtige Mundform an die Flanelltafel hängen. Wir können aber auch umgekehrt vorgehen, alle Mundbilder an die Tafel heften und einzeln abnehmen lassen.
3. Wir nehmen zwei Briefumschläge. Auf den einen kleben wir einen großen und auf den anderen einen kleinen Mund. Dann legen wir unsere ausgeschnittenen Mundbilder auf den Tisch und lassen sie entsprechend der Lautstärke des dargebotenen Selbstlautes in den einen oder in den anderen Umschlag stecken.
4. Wir besorgen uns eine große und eine kleine Puppe. Der großen Puppe kleben wir einen großen Mund und der kleinen Puppe einen kleinen Mund auf. Beide Mundbilder müssen allerdings in der Form überein-

stimmen, also Mundbilder ein- und desselben Selbstlautes sein. Als Antwort auf den wahrgenommenen Selbstlaut darf das Kind so tun, als ob es die richtige Puppe mit Rosinen, Puffreiskörnern usw. füttere.
5. Wir malen auf zwei Karteikarten je einen großen und auf zwei Karteikarten je einen kleinen Mund. Von jedem Kartenpaar bekommt ein Stück das Kind, während wir selbst ein Stück für uns behalten. Beide, also sowohl das Kind als auch die mit ihm spielende Mutter, legen die Karten auf ihren Schoß. Nun bieten wir dem Kind z. B. ein lautes ‚a' dar. Noch bevor dieses verklungen ist, soll es die Karte mit dem dazugehörigen Mundbild auf den Tisch legen. Auch wir sollen, sobald das ‚a' zu Ende gesprochen ist, die auf unserem Schoß liegende Karte mit dem großen Mundbild auf den Tisch legen. Um die Antwort des Kindes jedoch nicht zu beeinflussen, legen wir unsere Karte zuerst mit dem Gesicht nach unten auf den Tisch und drehen sie erst dann um, wenn das Kind seine Karte abgelegt hat. Aus diesem Spiel läßt sich ein kleiner Wettbewerb entwickeln, um zu sehen, wer die richtige Karte zuerst auf den Tisch legt.

B. *Zur Steigerung der Schwierigkeit*

1. Wenn ein Kind völlig fehlerfrei unterscheiden gelernt hat, ob ein Vokal laut oder leise gesprochen wird, wählen wir einen anderen Selbstlaut aus und üben auf die gleiche Weise. Wenn es auch bei diesem zwischen lauter und leiser Darbietung unterscheiden kann, können wir die beiden Selbstlaute zusammen in ein Spiel einbeziehen und in buntem Wechsel laut oder leise darbieten.
2. Wir üben in gleicher Weise mit drei Selbstlauten.

15. ÜBUNG

Wir suchen das richtige Gesicht

a

i

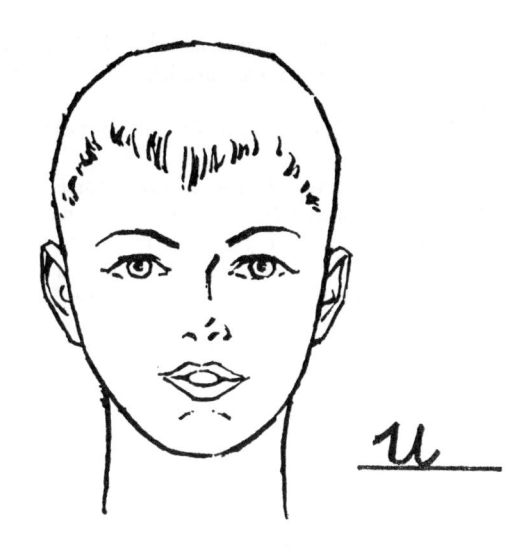

Was soll erreicht werden?

Diese kleine Übung soll das Kind zur sicheren Unterscheidung von zwei und mehr Selbstlauten verhelfen.

Was wird dazu benötigt?

Zwei Bilder von Gesichtern, von denen das eine ein ‚a', das andere ein ‚u' spricht.
Puffreis oder Rosinen.

Wie wird die Übung durchgeführt?

Wir halten die beiden Bilder nacheinander neben unseren Mund und sprechen dabei den dem jeweiligen Bild entsprechenden Laut. Das Kind schaut uns währenddessen auf den Mund. Um ihm ganz klar verständlich zu machen, worum es geht, deuten wir zunächst auf unseren Mund und dann auf den des Bildes. Ferner umfahren wir mit dem Finger einmal den eigenen Mund und dann den auf dem Bild und betonen dabei die Ähnlichkeit.

Nach dieser kurzen Einführung legen wir beide Bilder vor das Kind auf den Tisch. Außerdem legen wir vor jedes Bild einige Körner Puffreis oder einige Rosinen. Damit soll dem Kind schon angedeutet werden, daß einige für ‚a', andere für ‚u' benötigt werden.

Während uns das Kind auf den Mund schaut, abtastet und zuhört, sprechen wir ein ‚u'. Dann nehmen wir die Hand des Kindes und führen sie zu dem u-Gesicht. Dort darf es nun eine Rosine wegnehmen. Noch einmal zeigen wir dem Kind, daß der Laut, den wir ihm zusprachen, derselbe ist wie der auf dem Bild dargestellte.

Mit dem ‚a' wird in gleicher Weise geübt bis das Kind ohne Hilfe richtige Antworten erteilt.

Sobald das Kind die beiden Laute richtig zu beantworten vermag, halten wir den kleinen Windschirm vor den Mund, bevor wir ihm einen neuen Laut zusprechen. Fühlt es sich noch unsicher, müssen wir ihm noch eine Weile die Möglichkeit einräumen, uns beim Sprechen auf den Mund zu schauen.

Wir üben in buntem Wechsel weiter bis das Kind ohne Fehler sowohl auf das ‚a' als auch auf das ‚u' zu antworten vermag.

Variationsmöglichkeiten

A. Zur Aufrechterhaltung des Interesses

1. Wir spielen mit der Flanelltafel. Wir heften die mit Hilfe des auf der Rückseite aufgeklebten Alphatexpapieres haftfähig gemachten beiden Bilder auf die Tafel. Außerdem schneiden wir eine Reihe von Sternen aus und bekleben sie ebenfalls mit Alphatexpapier. Als Antwort auf einen Laut darf das Kind ein Sternchen unter das entsprechende Bild heften. Wir können selbstverständlich auch umgekehrt verfahren und jeweils ein Sternchen von dem entsprechenden Bild wegnehmen lassen.

B. Zur Steigerung der Schwierigkeit

1. An Stelle der Selbstlaute sprechen wir einfache Worte, in denen diese in ausgeprägter Form vorkommen. Wir beginnen mit kindertümlichen Tiernamen, z. B.
Baa-Baa und Muh-Muh.
Wir stellen oder legen eine kleine Kuh und ein kleines Schaf bzw. Bilder von beiden vor das Kind. Als Futter für die Tiere halten wir einige Körner Puffreis in der Hand. Dann sprechen wir zum Kind: „Ich höre ‚Baa-Baa'." Hebt das Kind das Schaf hoch oder deutet es darauf, so gibt man ihm ein Körnchen, damit es das Tier füttern kann. In gleicher Weise wird verfahren, nachdem wir gesprochen haben: „Ich höre ‚Muh-Muh'."
2. In sehr ähnlicher Weise versuchen wir die beiden Fürwörter
ich und *du* zu unterscheiden.
Wir halten mehrere Spielfiguren in der Hand. Jeweils eine davon stellen wir zwischen uns und dem Kind auf den Tisch. Dann sagen wir „Du" Wenn das Kind auf sich deutet, darf es sich zur Belohnung die Figur nehmen. Dann stellen wir eine andere Figur auf den Tisch und sprechen „Ich". Deutet es auf uns, darf es uns die Figur geben.

Hat das Kind größere Hörreste oder hat es sprachlich schon sehr schöne Fortschritte erzielt, können wir auch sprechen: „Das bekomme ich" oder „Das bekommst du".
3. Bei Kindern, die schon älter sind oder größere Hörreste besitzen, können wir schneller vorwärts gehen und auch schwierigere Unterscheidungen vornehmen lassen, z. B.

Worte mit ‚u' und ‚a'	wie	Schuh	und	Bahn
Worte mit ‚a' und ‚i'	wie	Bad	und	Fisch
Worte mit ‚u' und ‚i'	wie	Hut	und	Schiff

usw.
4. Wir lassen drei und mehr einsilbige Worte mit verschiedenen Selbstlauten unterscheiden.

16. ÜBUNG

Hoch und tief

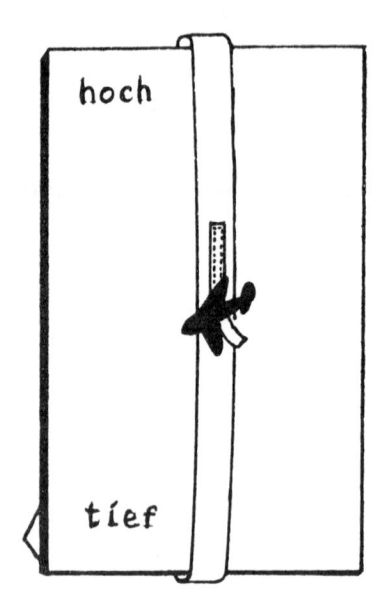

Was soll erreicht werden?

Mit Hilfe dieser kleinen Übung wollen wir dem Kind zum Unterscheiden von hohen und tiefen Tönen verhelfen. Dabei verwenden wir zunächst die Selbstlaute a, u und i als Einzellaute, dann in Verbindung mit einigen Leiselauten wie b, d und g. Später verwenden wir auch die stimmhaften Leiselaute m, n und l, und zwar sowohl einzeln als auch in Verbindung mit den drei genannten Selbstlauten.

Was wird dazu benötigt?

Ein großes Stück Pappe etwa in der Größe von 25 × 50 cm.
Ein Stück Band, das ungefähr 1 m lang und 4 cm breit sein soll.
Ein weiteres Stück Band, etwa 12 cm lang und 4 cm breit.
Ein kleines farbiges Flugzeug.

Wir schneiden in der Mitte der beiden 25 cm langen Seiten des Pappstückes zwei 4 cm breite Rillen. Nun legen wir das 1 m lange Band so um die Pappe, daß es in die beiden Rillen zu liegen kommt. Auf der Rückseite nähen wir es so zusammen, daß es sich noch gut bewegen läßt. Danach befestigen wir das kleine Flugzeug an dem 12 cm langen Band, welches wir dann an das größere Band nähen oder kleben. Ein Ende muß allerdings frei bleiben, da wir mit ihm das Flugzeug auf und ab bewegen wollen.

Wie wird die Übung durchgeführt?

Wir beginnen mit dem Selbstlaut a, den wir zuerst sehr hoch und dann sehr tief aussprechen. Das Kind hört uns dabei zu, schaut aber gleichzeitig auch auf den Mund und fühlt den Laut ab. Gleichzeitig soll es aber auch versuchen, den Laut nachzuahmen. Dann zieht es mit oder ohne unsere Hilfe das Flugzeug nach oben, wenn wir ein hohes a gesprochen haben, oder nach unten, wenn wir ihm ein tiefes a dargeboten haben.

Bei dieser Übung benützen wir am Anfang immer nur einen Selbstlaut oder einen Selbstlaut in Verbindung mit einem Leiselaut. Bis das Kind ganz sicher erfaßt hat, was wir mit diesem Spiel bezwecken und wie es antworten soll, darf es uns auf den Mund schauen und den Laut auch noch an der Wange abfühlen. Erst dann soll es sich allein auf das Gehör verlassen.

Wenn das Kind noch immer unsicher ist, darf es wieder abfühlen, aber nicht mehr absehen. Reicht dies jedoch nicht aus, bieten wir ihm eine zusätzliche Hilfe: Es darf eine seiner Hände auf unsere Brust und eine auf unseren Kopf legen. Das Kind soll auf diese Weise feststellen, daß der tiefe Laut in der Brust gefühlt werden kann. Wird ein hoher Laut gesprochen, sind keine Vibrationen in der Brust, wohl aber am Schädel zu spüren. Wenn wir einen tiefen Selbstlaut sprechen und ihn vom Kind an der Brust abfühlen lassen, halten wir gleichzeitig unsere rechte Hand nach unten. Im umgekehrten Fall heben wir sie hoch.

Variationsmöglichkeiten

A. Zur Aufrechterhaltung des Interesses

1. Wir benützen verschiedene Selbstlaute und Lautverbindungen.
2. Statt des Flugzeuges nehmen wir einen Vogel, eine Biene, einen Schmetterling usw.
3. Wir fertigen uns ein Bild von einem großen und einem kleinen Baum bzw. von einer großen bzw. einer kleinen Blume an. Außerdem schneiden wir aus gummiertem Buntpapier kleine Bienen, Vögel oder Schmetterlinge aus. Wird ein hoher Laut gesprochen, darf das Kind ein Bildchen auf den großen Baum bzw. auf die große Blume kleben und umgekehrt.
4. Das Kind hält eine Puppe, ein Spielzeugtier, eine Fahne, ein Flugzeug oder irgendeinen anderen Spielgegenstand in der Hand. Beim Wahrnehmen eines hohen Lautes hebt es den Gegenstand in die Höhe und umgekehrt.

5. Das Kind darf sich auf einen niedrigen oder auf einen hohen Gegenstand stellen, um die Tonhöhe, die es wahrgenommen hat, anzuzeigen.
6. Wir besorgen uns eine kleine Leiter, wie man sie z. B. zuweilen für einen Vogelkäfig benützt. Das Kind darf entprechend der wahrgenommenen Tonhöhe eine kleine Puppe entweder die Leiter hinauf- oder hinabsteigen lassen.
7. Wir bauen uns mit Hilfe einer schräg gestellten Sperrholzplatte einen kleinen Hügel. Das Kind darf kleine Autos den Hügel hinauf- oder hinabfahren lassen.
8. Wir stellen zwei Behälter verschieden hoch auf. Hört das Kind einen hohen Laut, darf es in den höher stehenden Behälter eine Murmel, eine Perle usw. legen und umgekehrt.
9. Bei älteren oder schon fortgeschritteneren Kindern können wir uns auch der folgenden kleinen Zeichnung bedienen:

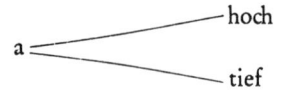

$$a \underset{\text{tief}}{\overset{\text{hoch}}{\diagup\diagdown}}$$

Das Kind deutet mit seinem Finger, einem Bleistift oder einem kleinen Zeigestock auf das der wahrgenommenen Tonhöhe entsprechende Wort.

B. Zur Steigerung der Schwierigkeit

1. Die Laute werden leiser dargeboten.
2. Die Laute werden in verschieden großem Abstand vom Kind dargeboten.
3. Die Unterschiede in der Tonhöhe werden weniger deutlich dargeboten.
4. Ein hoher und ein tiefer Laut werden unmittelbar hintereinander dargeboten. Das Kind muß anzeigen, welche Tonhöhe zuerst und welche danach dargeboten wurde.
5. Ein hoher, ein mittlerer und ein tiefer Laut werden gegeben. Die Reihenfolge ist jedesmal anders. Das Kind muß anzeigen, in welcher Reihenfolge ihm die Laute dargeboten wurden.

17. ÜBUNG

Wir unterscheiden Worte

Was soll erreicht werden?

Diese kleine Übung soll dem Kind zum Unterscheiden von zwei Worten verhelfen, die sich durch die Zahl ihrer Silben sowie ihrer Selbstlaute voneinander abheben.

Was wird dazu benötigt?

Eine ungefähr 30 × 40 cm große Schachtel mit einem festschließenden Deckel. Sechs kleine Flugzeuge und sechs kleine Bälle.

In den Deckel der Schachtel schneiden wir ein Loch, das groß genug sein muß, um die Spielgegenstände ohne Schwierigkeiten hineinwerfen zu können.

Die sechs Flugzeuge stellen wir auf der einen Seite und die sechs Bälle legen wir auf der anderen Seite des Deckels ab. Damit die Bälle nicht wegrollen, können wir uns noch mit Hilfe von Knetmasse kleine Mulden fertigen, in die wir die Bälle legen.

Wie wird die Übung durchgeführt?

Wir sitzen mit dem Kind an einem kleinen Tisch. Sobald uns das Kind anschaut, seine Hand zum Abfühlen an unsere Wange legt und uns gut zuhört, sprechen wir das Wort „Ball". Dann fordern wir das Kind auf, das Wort „Ball" nach Möglichkeit zu wiederholen. Nachdem es sich darum bemüht hat, helfen wir ihm, einen der sechs Bälle in die Schachtel zu werfen. Derselbe Vorgang wiederholt sich dann mit dem Wort „Flugzeug". Auf diese Weise fahren wir in buntem Wechsel so lange fort, bis wir glauben, daß wir die Übung allein über das Gehör fortsetzen können.

Wird das Kind in seinen Antworten unsicher, erlauben wir ihm das Abfühlen wieder. Nur wenn es auch dann noch nicht geht, darf es noch einmal für einige Zeit ablesen.

Variationsmöglichkeiten

A. Zur Aufrechterhaltung des Interesses

1. Wir benützen andere Wortpaare, für die wir Spielgegenstände finden, z. B.

   Gaul und Elefant,
   Baum und Nikolaus,
   Hut und Lampe,

   und von denen sich jedes Paar durch verschiedene Wortlänge und verschiedene Selbstlaute unterscheidet.

   a) Das Kind hält in jeder Hand einen der beiden Spielgegenstände über das Loch der Schachtel. Den richtigen Gegenstand läßt es als Antwort auf das gehörte Wort in das Loch fallen.

   b) Wir stellen oder legen mehrere der gerade zu übenden beiden Spielgegenstände auf ein Tablett. Das Kind muß den dem wahrgenommenen Wort entsprechenden Gegenstand dort heraussuchen und in die Schachtel werfen.

2. Wir benützen ausgeschnittene Bilder oder Zeichnungen mit Darstellungen der verwendeten Worte.

   a) Wir legen die Bilder mit der Bildfläche nach oben. Das Kind darf sie umdrehen.

   b) Das Kind darf die Bilder wie Spielkarten in der Hand halten. Die Karte, die benannt wurde, darf es ablegen.

   c) Das Kind darf die Bilder in eine Holzleiste stecken.

   d) Wir machen kleine Aufhänger an die Bilder. Wir lassen das benannte Bild aufhängen.

   e) Wir lassen die Bilder an die Flanelltafel heften.

3. Wir benutzen leere Streichholzschachteln als kleine Schubladen. Wir kleben ein Bild der Worte, die wir üben wollen, auf jede Schachtel.

   a) Das Kind darf Perlen oder Rosinen als Antwort in die richtige Schublade legen.

b) Wir gehen umgekehrt vor. Das Kind darf jedesmal eine Rosine aus der richtigen Schachtel herausnehmen und essen.

4. Wir benützen das Spielbrett, das in Übung Nr. 6 beschrieben wurde. Das Kind darf den richtigen Gegenstand jeweils ein Feld vorrücken.

5. Wir legen ein Heft mit Bildern der verschiedenen Gegenstände an. Aber bitte nur jeweils ein Bild auf eine Seite! Das Kind anwortet, indem es
   a) die richtige Seite findet,
   b) einen gummierten Stern auf die richtige Seite klebt oder
   c) einen kleinen Bleistiftstrich unter das richtige Bild macht.

6. Wir benützen Wortpaare mit verschiedenen Selbstlauten, aber gleicher Silbenzahl, z. B.
   Auto   und   Lampe,
   Besen   und   Schaufel   usw.

7. Wir benützen Wortpaare mit gleichen Selbstlauten, aber unterschiedlicher Wortlänge, z. B.
   Bad   und   Lampe,
   Bett   und   Fenster   usw.

8. Wir benützen Wortpaare mit gleichen Selbstlauten und gleicher Silbenzahl, z. B.
   Schiff   und   Fisch,
   Babi   und   Vati   usw.

9. Wir benützen Wortpaare, die sich nur in einem einzigen Laut unterscheiden, z. B.
   Fisch   und   Tisch,
   Bach   und   Dach   usw.

18. ÜBUNG

He!

Was soll erreicht werden?

Mit Hilfe dieser kleinen Übung wollen wir dem Kind helfen, die typischen Eigenschaften der Stimmen seiner nächsten Mitmenschen erkennen und unterscheiden zu lernen.

Was wird dazu benötigt?

Einige Familienangehörige.

Wie wird die Übung durchgeführt?

Die Familienangehörigen sitzen in einem Halbkreis beieinander. Das Kind sitzt vor ihnen in der Mitte des Halbkreises, kehrt ihnen aber den Rücken zu.

In einer zuvor gut überlegten Übung wollen wir dem Kind die Möglichkeit bieten, auf die Stimmen der einzelnen Teilnehmer zu achten und sie zu unterscheiden. Am Anfang darf es dem jeweiligen Sprecher noch auf den Mund schauen und auch seine Stimme abfühlen. Erst wenn es den Sinn dieser Übung gut erfaßt hat, soll es sich lediglich auf das Gehör verlassen.

Nun kommt in buntem Wechsel jedes Familienmitglied an die Reihe und darf „He, Walter!" (oder wie immer das Kind heißen mag) rufen. Das Kind antwortet auf diesen Zuruf, indem es sich sofort herumdreht, auf den vermuteten Sprecher deutet und dessen Namen ausspricht, z.b.: „He, Papa!" Dabei konnte es den Vater lediglich an der Eigentümlichkeit seiner Stimme erkennen.

Hat das Kind die richtige Stimme herausgefunden, so wird ihm dies gesagt. War seine Antwort dagegen falsch, darf es noch einmal bei gleichzeitigem Ablesen zuhören, bevor es die gleiche Stimme nur über das Zuhören allein erkennen soll.

Ist die Familiengruppe sehr groß oder klingen einige Stimmen so ähnlich, daß sie nur schwer unterschieden werden können, müssen wir die Übung etwas vereinfachen.

Die Übung beginnen wir zunächst nur mit einer Stimme. Erst wenn das Kind sich mit jeder einzelnen Stimme vertraut machen konnte, wird es von verschiedenen Sprechern in unregelmäßiger Reihenfolge angesprochen.

Variationsmöglichkeiten

A. Zur Aufrechterhaltung des Interesses

1. Wenn uns ein Tonbandgerät zur Verfügung steht, können wir die einzelnen Stimmen auf Band aufnehmen. Das Kind kann dann auf verschiedenartige Weise antworten:
   a) Wir legen von jeder Person ein Foto auf den Tisch. Das Kind hebt jeweils das Foto der Person, deren Stimme es erkannt hat, in die Höhe.
   b) Wenn das Kind schon lesen kann, legen wir Schriftkärtchen mit den Namen der Sprecher auf den Tisch.
   c) Wir spielen mit der Flanelltafel und lassen das Bild bzw. das Schriftkärtchen des jeweiligen Sprechers an die Tafel heften.
   d) Wir spielen das Angelspiel und lassen das Bild bzw. das Schriftkärtchen mit dem Namen des jeweiligen Sprechers angeln.
2. Wir bieten dem Kind ein Tonband dar, auf das die Stimmen eines Mannes, einer Frau, eines Buben, eines Mädchens und eines Säuglings aufgenommen wurden.
   a) Das Kind antwortet wie unter Nr. 1 angegeben.
   b) Es versucht die Stimmen nachzuahmen.
3. Wir erzählen dem Kind in einfacher Sprache die Geschichte von den „Drei Bären". Dabei betonen wir besonders die unterschiedlichen Stimmen der einzelnen Hauptpersonen dieser Geschichte:
   die rauhe Stimme des Bärenvaters,
   die angenehme Stimme der Bärenmutter und
   die hohe, traurige Stimme des Bärenkindes.
   a) Das Kind antwortet in ähnlicher Weise wie unter Nr. 1 angegeben.
   b) Es versucht die Stimmen nachzuahmen.
4. Jedes Familienmitglied fügt dem Ausruf „He, Walter!" noch eine kleine Frage hinzu, die vom Kind zu beantworten ist. Die Mutter kann z. B. sprechen: „He, Walter, willst du Schokolade?" Das Kind soll dann, sofern möglich, antworten: „Ja, Mama, ich will Schokolade."
5. Die Personen, die an dem Spiel teilnehmen, sprechen in unterschiedlicher Entfernung vom Kind.
6. Zwei Personen sprechen gleichzeitig. Das Kind muß beide erkennen.
7. Jedes Familienmitglied ahmt eine Tierstimme nach. Das Kind soll sowohl die Tierstimme erkennen als auch die Person, die sie nachgeahmt hat.

19. ÜBUNG

Das Handpuppenspiel

Was soll erreicht werden?

Mit Hilfe dieser Übung soll das Kind erkennen lernen, wenn ein Selbstlaut von einem Leiselaut abgelöst wird. Außerdem soll es auf die verschiedenen Zeitabstände zwischen Selbstlauten und Leiselauten aufmerksam gemacht werden.

Was wird dazu benötigt?

Zwei Kasperlepuppen, deren Mund sich öffnen und schließen läßt, oder zwei selbstgefertigte Stoffpuppen, in die man die Hand stecken kann, um so das Öffnen und Schließen des Mundes nachzuahmen.

Wie wird die Übung durchgeführt?

Wir sitzen gegenüber vom Kind am Tisch oder auf dem Boden und halten die Puppe dicht neben den eigenen Mund. Dann sprechen wir in einem Atemzug „a-ba-ba-ba-ba". Dabei öffnen und schließen wir den Mund der Puppe gleichzeitig mit unserem eigenen. Es klingt dann so wie „aaabaaabaaabaaabaaaa". Das Kind schaut uns dabei auf den Mund, hört zu und fühlt die Stimme an unserer Wange ab. Diese Übung wird immer mit einem Selbstlaut und niemals mit einem Leiselaut begonnen.

Nach dieser kurzen Einleitung tun wir so als ob wir die Puppe loben. Dadurch wollen wir noch einmal die Aufmerksamkeit des Kindes auf die Tatsache lenken, daß die Puppe ihren Mund zur gleichen Zeit geschlossen hat wie wir.

Nun wiederholen wir den Vorgang noch einmal, geben aber bewußt darauf acht, daß wir den Mund nicht in einem regelmäßigen Rhythmus schließen, um ein „b" zu bilden. Der Rhythmus sollte etwa wie folgt sein: „aaaaaaabaaaababaaaaaa."

Dann wird alles noch einmal wiederholt. Diesmal lassen wir die Puppe jedoch absichtlich einen Fehler begehen. Wenn wir ein gedehntes „a" sprechen, läßt die Puppe ihren Mund geschlossen. Nun tun wir so als ob wir die Puppe tadeln würden. Auch das Kind darf die Puppe tadeln. Dieses negative Beispiel soll dazu beitragen, dem Kind den Sinn des Spieles verständlich zu machen.

Nun wiederholen wir das ganze Spiel noch einmal. Diesmal lassen wir die Puppe jedoch wieder die richtigen Mundbewegungen machen. Dabei beachten wir die folgende Regel: Je weniger wir am Anfang den Mund schließen, desto leichter wird das Kind die Spielregel begreifen.

Der nächste Schritt ist, daß wir dem Kind behilflich sind, den Mund der Puppe zu schließen und zu öffnen. Dies tun wir so lange bis das Kind die Puppe selbst richtig handhaben kann und korrekte Antworten gibt. Erst dann darf das Kind die Puppe ohne unsere Hilfe handhaben.

Zuguterletzt darf das Kind die Puppe die Mundbewegungen ausführen lassen, ohne daß es uns weiter auf den Mund schaut. Sollte es noch einen Fehler machen, darf es noch einmal abfühlen. Unser Mund bleibt dabei jedoch verdeckt. Nur wenn es dann immer noch Fehler begeht, darf es auch wieder auf den Mund sehen und gleichzeitig die Vibrationen auf unserer Wange fühlen.

Schließlich wird nur noch über das Gehör allein weiter geübt.

Variationsmöglichkeiten

A. Zur Aufrechterhaltung des Interesses

1. Wir benützen lediglich die Finger (Daumen und Zeigefinger). Bei „a" werden sie geöffnet und bei „b" geschlossen.
2. Der Daumen wird unter den Zeigefinger gelegt. Wie auf der Abbildung auf Seite 88 zu sehen ist, malen wir mit Lippenstift oder roter Kreide auf die beiden Finger einen Mund, und zwar so, daß der Zeigefinger die Oberlippe und der Daumen die Unterlippe darstellt. Bei „a" wird der Mund geöffnet, bei „b" geschlossen.

3. Wir lassen das Kind zuerst gut zuhören. Nachdem wir das Beispiel gut dargeboten haben, lassen wir es nachsprechen und mit der Handpuppe bzw. den eigenen Fingern des Kindes nachgestalten, und zwar in genau den gleichen Abständen wie in unserem Beispiel.
4. Das Kind ahmt das Beispiel mit Handbewegungen nach. Bei „a" hält es seine Hände auseinander, bei „b" schlägt es sie zusammen.

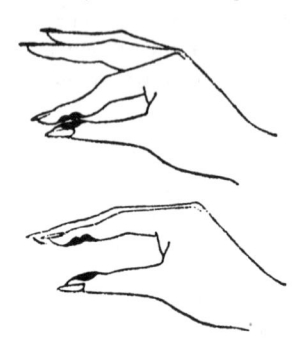

5. Das Kind ahmt das vorgegebene Beispiel in gleicher Weise mit den Händen einer Puppe nach.
6. Wir unterbrechen die Lautfolge in unregelmäßigen Zeitabständen, z. B.

    a — ba — ba — ba — ba
    a ————— ba — ba — ba ————— ba

In dieser oder in ähnlicher Weise sollten die Pausen von Übung zu Übung geändert werden, um zu vermeiden, daß das Kind lediglich auf den stets in gleicher Folge wiederkehrenden Rhythmus reagiert.
7. Der Abstand zwischen uns und dem Kind wird vergrößert.
8. Es ist keinesfalls erforderlich, immer nur den Selbstlaut „a" in Verbindung mit dem Leiselaut „b" zu verwenden, sobald das Kind einmal den Sinn dieser Übung verstanden hat. Zu dieser Übung eignen sich auch alle anderen Vokale in Verbindung mit anderen Konsonanten, z. B.

    a — ba
    a — da
    a — fa
    a — ga
    a — la
    a — ma
    a — na
    ebenso u — bu, o — bo, i — bi usw.

20. ÜBUNG

Wo ist Mama?

Was soll erreicht werden?

Das Kind soll durch diese kleine Übung die einzelnen Familiennamen unterscheiden lernen.

Was wird dazu benötigt?

Ein großes Stück fester Karton oder Pappe.
Fotos von jedem einzelnen Familienmitglied.
Nun zeichnen wir zunächst auf den Karton ein Haus. Die Fenster machen wir so groß, daß wir sie öffnen können. Hinter jedes einzelne Fenster kleben wir ein Foto.
Das Haus muß nicht unbedingt genau so aussehen wie das auf dem obigen Bild. Auch die Fenster müssen nicht an derselben Stelle sein. Je größer die Ähnlichkeit zwischen dem gemalten Haus und dem eigenen Haus ist, desto besser.

Wie wird die Übung durchgeführt?

Mutter und Kind sitzen einander gegenüber. Nun beginnen wir zunächst damit, daß wir dem Kind das Haus zeigen, seine Fenster öffnen und dem

Kind die Namen der auf den Fotos zu sehenden Personen zusprechen. Dann sagen wir dem Kind, daß es die Fenster selbst öffnen darf, wenn es gut aufpaßt und zuhört.

Wenn uns das Kind anschaut, gut zuhört und an der Wange abfühlt, sprechen wir „Mama". Dann öffnen wir das richtige Fenster und deuten auf das Bild der Mama. Dann wird das Fenster wieder geschlossen und dem Kind gesagt, daß es jetzt an die Reihe kommt. So fragen wir das Kind: „Wo ist die Mama?" Nachdem es das Wort „Mama" kurz wiederholt hat, helfen wir ihm beim Öffnen des richtigen Fensters und beim Deuten auf das Bild der Mutter. Nach einem kurzen Lob üben wir in der gleichen Weise weiter, bis das Kind gelernt hat auf unsere Frage zu warten und sie in angemessener Weise zu beantworten.

Beim nächsten Übungsschritt wird das Ablesen ausgeschaltet. Wir halten den kleinen Windschirm vor den Mund, so daß sich das Kind nur noch auf das Hören bzw. auf Hören und Fühlen verlassen kann. Sobald es auch auf diese Weise sichere Antworten erteilt, können wir dazu übergehen, einen zweiten Namen einzuführen. So fragen wir vielleicht: „Wo ist Vati?" Wenn wir ein neues Wort einführen, darf das Kind zunächst wieder ablesen und abfühlen. Dann üben wir in gleicher Weise weiter wie oben angegeben.

Bei diesem Spiel ist das Loben sehr wichtig. Wir dürfen es das Kind keinesfalls spüren lassen, wenn wir mit seinen Leistungen nicht zufrieden sind. Sehen wir, daß es sich Mühe gibt, loben wir es für jede Anstrengung, die es vollbringt, selbst wenn wir ihm dabei noch helfen müssen.

Bei diesem Spiel führen wir keinen neuen Namen ein, solange das Kind die ihm zuvor schon bekannt gemachten Namen nicht allein über das Gehör sicher zu unterscheiden gelernt hat. Selbstverständlich verwenden wir auch den Namen des Kindes. Wir ermuntern es aber auch, die ihm zugesprochenen Namen zu wiederholen. Wie es uns mündlich antwortet, hängt ganz von seiner Sprachentwicklung ab. So könnte es sprechen:
„Mama."
„Da ist Mama."
„Schau, da ist Mama."

Variationsmöglichkeiten

A. Zur Aufrechterhaltung des Interesses

1. Wir benützen das Haus:
   a) Sind die Fenster geöffnet, so kann das Kind Puffreis auf das richtige Bild legen (oder von ihm wegnehmen) und ihn später essen.
   b) Das Kind kann als Antwort das jeweilige Fenster schließen.
   c) Es kann als Antwort einen Spielstein auf das richtige Fenster stellen oder legen.

d) An Stelle des Hauses können wir einen Zug oder einen Autobus zeichnen und unter deren aufklappbare Fenster Fotos kleben.
2. Wir benützen lediglich Fotos:
   a) Wir lassen uns das richtige Foto in einem Buch oder auf einem Aktendeckel zeigen.
   b) Wir haben von jedem Foto zwei Stück zur Verfügung. Eines bekommt das Kind, eines legen wir mit dem Gesicht nach unten auf den Tisch. Das Kind hält seine Fotos unter den Tisch. Sobald wir fragen: „Wo ist — — ?", legt das Kind das richtige Bild auf den Tisch. Wir drehen daraufhin von unseren Fotos das richtige um, so daß das Kind feststellen kann, ob seine Antwort korrekt war.
3. Mehrere Familienmitglieder beteiligen sich an dem Spiel:
   a) Die Familie sitzt in einem Halbkreis auf dem Boden. Sobald der Name eines Familienangehörigen aufgerufen wird, rollt das Kind einen Ball zu ihm hin.
   b) Das Kind darf der aufgerufenen Person ein Bonbon, eine Rosine usw bringen.
   c) Alle sitzen am Tisch und freuen sich auf eine Teestunde. Doch zuvor muß noch der Tisch gedeckt werden. Das Kind bringt den aufgerufenen Personen zuerst eine Untertasse, später eine Tasse, einen Teller und einen Teelöffel.
4. Wir benützen Puppen, welche die verschiedenen Familienmitglieder darstellen sollen. Wichtig ist, daß sie stehen können.
   a) Wir zeichnen in einer Art Zebrastreifen eine Straße, die auf unser Haus hinführt, auf ein großes Stück Karton. Das Kind darf die aufgerufene Puppe jeweils einen Schritt auf das Haus zu gehen lassen

   b) Die Puppen werden in einer Reihe aufgestellt. Die jeweils aufgerufene Puppe wird vom Kind umgestoßen.
   c) Das Kind bringt die Puppe zu der Person, die von ihr verkörpert wird. Als Belohnung bekommt die Puppe von dieser eine Rosine.

Für dieses Spiel können wir uns einfache Drahtpuppen aus Pfeifenreinigern selbst herstellen.

21. ÜBUNG

Wo sind die anderen?

Was soll erreicht werden?

Diese Übung soll dem Kind zum Unterscheiden kleiner Sätze gleicher Länge verhelfen, die sich lediglich durch ein Wort voneinander abheben

Was wird dazu benötigt?

Fotos von allen Familienangehörigen in voller Körpergröße. Diese werden auf ein Stück Karton aufgeklebt. Bei den Fotos sehen wir darauf, daß die Erwachsenen nach Möglichkeit größer als die Kinder und die älteren Kinder wiederum größer als die jüngeren sind.

Ferner benötigen wir ein Foto vom Wohnhaus des Kindes: ferner ein Foto von dem Platz, an dem ein älterer Familienangehöriger arbeitet. Diese Fotos werden ebenfalls auf einen Karton geklebt.

Bevor wir diese Übung durchführen, müssen wir das Kind einmal an den ihm auf dem Foto gezeigten Arbeitsplatz führen. Dort zeigen wir ihm das entsprechende Foto, damit es auch wirklich weiß, was die Abbildung beinhaltet.

Wie wird die Übung durchgeführt?

Wir sitzen dem Kind an einem Tisch gegenüber. Vor uns, aber noch außerhalb der Reichweite des Kindes, liegen die beiden Fotos vom Wohnhaus und vom Arbeitsplatz. Die Bilder der Familienangehörigen liegen vor dem Kind in einer Reihe auf dem Tisch.

Zu Beginn der Übung darf uns das Kind wieder auf den Mund schauen, uns zuhören und bei uns abfühlen. Dann sprechen wir: „Wer ist bei der Arbeit?" Nun führen wir die Hand des Kindes, lassen es z. B. das Foto des Vaters ergreifen und legen es auf das Foto seines Arbeitsplatzes. Wenn das Kind wieder aufschaut, sprechen wir: „Ja, Papa ist bei der Arbeit." Danach legen wir das Foto des Vaters wieder an seinen ursprünglichen Platz zurück.

Weiter fragen wir: „Wer ist zu Hause?" Wieder führen wir die Hand des Kindes, diesmal vielleicht zum Foto der Mutter, lassen dieses ergreifen und auf das Foto des Wohnhauses legen. Sobald dieses getan ist und das Kind wieder aufschaut, sprechen wir: „Ja, Mama ist zu Hause." Dann legen wir das Bild der Mutter ebenfalls wieder zurück.

Auf diese Weise üben wir weiter, nur darf uns das Kind nun nicht mehr auf den Mund schauen. Um dies zu verhüten, halten wir den Windschirm vor unseren Mund. Außerdem müssen wir natürlich auch darauf achten, daß wir die beiden Sätze nicht immer in gleicher Reihenfolge darbieten.

Variationsmöglichkeiten

A. Zur Aufrechterhaltung des Interesses

1. An Stelle der Fotos benützen wir einfache Strichzeichnungen des Wohnhauses, des Arbeitsplatzes sowie der Familienangehörigen.
2. Zur Darstellung der Familienangehörigen benützen wir Bilder, die wir aus Katalogen ausgeschnitten haben.
3. Wir bauen uns aus Pappe ein Wohnhaus und eine Fabrik (oder wo immer der Vater arbeiten mag). Die einzelnen Familienangehörigen lassen wir durch Puppen darstellen.
4. Das Kind legt das Foto des Vaters bzw. der Mutter nicht wieder an seinen ursprünglichen Platz zurück, sondern läßt es auf dem Foto des Wohnhauses bzw. des Arbeitsplatzes liegen. Weitere Antworten werden wie folgt gegeben: Das Kind legt Legosteine, Perlen, Holzstäbchen usw. auf die entsprechenden Bilder.
5. Das Kind darf das Bild des Vaters oder der Mutter unter dem Bild des Wohnhauses oder des Arbeitsplatzes verstecken. Unsere Aufgabe ist es, das Versteck zu erraten. So fragen wir:
 „Ist Papa zu Hause?"
 Kind: „Nein."
 „Ist Papa bei der Arbeit?"
 Kind: „Ja."
 Diese Übung können wir allerdings nur dann vornehmen, wenn das Kind schon begreift, daß es in einem Spiel durchaus erlaubt ist, so zu tun als ob...
6. Wir führen andere Ortsbezeichnungen ein, z. B.
 in der Küche,
 im Bett,
 im Bad.
 Wir sprechen „Papa ist im Bad" und lassen eine entsprechende Puppe auf ein Bild des Badezimmers setzen usw.
7. Wir sammeln Bilder, auf denen Einzelpersonen in einem Zimmer zu sehen sind, legen sie vor das Kind hin, sprechen passende kleine Sätze und lassen als Antwort das gemeinte Bild wegnehmen, mit einem Spielstein belegen usw. Möglich wären z. B. folgende Situationen:
 Papa ist in der Garage.
 Mama ist in der Küche.
 Baby ist im Bett.

Je nach Hörvermögen, Begabung, Alter und sprachlichen Fortschritten des Kindes bieten sich noch zahlreiche weitere Übungsmöglichkeiten an.

22. ÜBUNG

Das Zusammensetzspiel

Was soll erreicht werden?

Mit dieser kleinen Übung wollen wir dem Kind zum Unterscheiden zweier sehr ähnlich klingender Worte verhelfen, etwa der Worte „Ball" und „Bahn". Beide sind einsilbige Worte mit dem gleichen Vokal.

Was wird dazu benötigt?

Papier, Pappe, Farb- oder Bleistifte und eine Schere.

Auf den Pappkarton zeichnen und malen wir einen großen Ball und eine große Lokomotive und schneiden sie aus. Beide Gegenstände zerschneiden wir in vier oder fünf Stücke, und zwar so, daß wir ein Puzzle bekommen, das sich unschwer wieder zusammensetzen läßt. Dann nehmen wir ein großes Blatt Papier und zeichnen dort die Umrisse des Balles und der Lokomotive sowie ihrer vier oder fünf Einzelstücke auf. Für das Kind ist es eine Erleichterung, wenn wir die beiden Umrißzeichnungen mit Farbstiften umfahren, vielleicht mit roter und blauer Farbe, und den einzelnen Puzzlestücken der entsprechenden Gegenstände die gleiche Farbe geben.

Wie wird die Übung durchgeführt?

Wir legen den Bogen Papier, auf den wir die Umrisse der beiden Gegenstände gezeichnet haben, vor das Kind auf den Tisch und sagen ihm, daß es sich um einen Ball handelt. Dann legen wir die Einzelteile des Zusammensetzspieles vor uns auf den Tisch.

Nach diesen Vorbereitungen sprechen wir dem Kind das Wort „Ball" zu. Dabei darf es uns auf den Mund schauen, darf bei uns abfühlen und uns zuhören. Nun ergreifen wir ein Stück der vor uns liegenden Bestandteile des Balles und legen es auf die seiner Form entsprechende Fläche des Zusammensetzspieles.

In gleicher Weise verfahren wir mit der Bahn. Wir sprechen dem Kind das Wort zu, lassen es ablesen, abfühlen und hören, und ergreifen dann ein Stück der vor uns liegenden Bestandteile der Bahn.

So üben wir weiter, bis beide Zusammensetzspiele vollständig sind. Sobald das Kind verstanden hat, was es bei diesem Spiel zu tun hat, geben wir ihm die Einzelteile und lassen sie von ihm an ihren richtigen Platz legen. Dabei darf es uns noch auf den Mund schauen und bei uns abfühlen. Sobald es darauf verzichten kann, spielen wir lediglich über das Gehör weiter.

Wenn das Kind dabei unsicher wird, erlauben wir ihm erneut abzufühlen, nicht aber auf den Mund zu schauen. Nur wenn es diese Hilfe benötigt, wird ihm dies nochmals gestattet.

Variationsmöglichkeiten

A. *Zur Aufrechterhaltung des Interesses*

1. Das oben beschriebene Spiel können wir abwandeln, indem wir
   a) vom Kind die einzelnen Teile auseinandernehmen statt zusammensetzen lassen oder indem wir
   b) die Einzelteile nicht nur zusammensetzen, sondern auch zusammenkleben lassen, so daß das Kind am Ende der Übung Pappgegenstände zum Spielen hat.
2. Wir benützen vier bis fünf kleine Bälle und Lokomotiven. Diese lassen wir als Antwort vom Kind in zwei Schachteln legen, auf die wir je ein Bild eines Balles und einer Lokomotive geklebt haben.
3. Wir spielen das Angelspiel und angeln Bilder von Bällen und Lokomotiven.
4. Wir fertigen Papierstreifen von 15 cm Länge und 2 cm Breite an. Auf diese Streifen kleben wir entweder ein Bild eines Balles oder einer Lokomotive. Aus diesen Streifen soll nun eine bunte Kette angefertigt werden. Ob das nächste Glied der Kette ein Ball-Glied oder Bahn-Glied ist, muß das Kind erhören.
5. Wir erhöhen die sprachlichen Schwierigkeiten, indem wir die beiden Worte in kleine Sätze einbetten, z. B.

   Wo ist der Ball?   Ich will den Ball.
   Wo ist die Bahn?   Ich will die Bahn.
   Gib mir den Ball!   Lege den Ball fort!

Gib mir die Bahn!   Lege die Bahn fort!
Finde den Ball!   Hole den Ball!
Finde die Bahn!   Hole die Bahn!   usw.

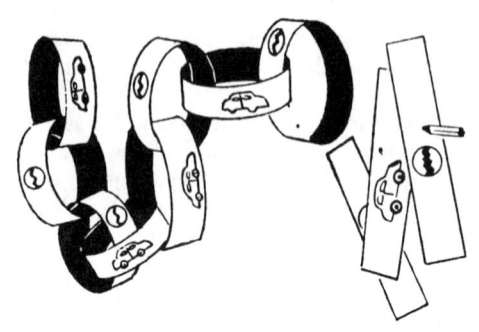

6. Wir benützen andere Wortpaare und üben sie in der gleichen Weise wie das Wort „Ball" und „Bahn".
7. Hat das Kind auf diese Weise eine größere Zahl von Worten akustisch zu unterscheiden gelernt, können wir Wortgruppen nach Oberbegriffen zusammenstellen: Möbel, Obst, Gemüse, Spielsachen, Fahrzeuge, Kleidung usw.
    a) Wir üben die Zimmer des Hauses. Hierfür eignet sich besonders gut die Stecktafel „House Inset" der Firma Abbat, London. Mit ihr können folgende Worte geübt werden: Wohnzimmer, Schlafzimmer, Kinderzimmer, Spielzimmer, Küche und Bad.[1])
    Wer sich diese Tafel nicht anschaffen kann oder will, kann sich damit behelfen, daß er auf ein großes Stück Papier die Umrisse eines Hauses zeichnet und dieses in verschieden große Räume unterteilt. Aus Katalogen schneidet man sich dann Bilder von einem möblierten Wohnzimmer, Schlafzimmer usw. aus und klebt sie auf festes Papier, dessen Größe mit den im Grundriß enthaltenen Räumen übereinstimmen muß.
    b) Wir üben die Namen der verschiedenen Möbelstücke. Hierfür können wir kleine Puppenmöbel benützen, die wir in eine Puppenstube stellen lassen. Haben wir keine Puppenstube zur Hand, können wir auch mit Farbstiften den Grundriß eines oder mehrerer Zimmer auf eine abwaschbare Tischplatte zeichnen. Das Kind stellt die Möbel in diese Zimmer.
    Für die gleiche Übung eignet sich aber auch der Bilderbogen „Möbel", der auf den Seiten 92 und 93 des Buches „Sprachfördernde Spiele für hörgeschädigte Kleinkinder" näher beschrieben ist.

---

[1]) siehe: Löwe, Sprachfördernde Spiele; Seite 38 und 112.

c) In ähnlicher Weise lassen wir Bilder von Früchten in einen Korb, von Fahrzeugen in eine Garage, von Kleidern in einen Puppenschrank, von Tieren in einen Stall legen.

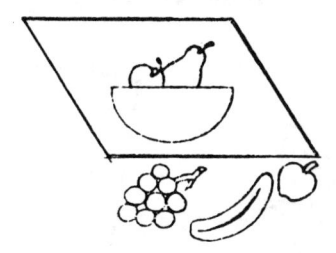

Für diese Übungen sei auf die Bildbogen „Obst", „Fahrzeuge", „Kleidung", „Tiere", „Gebäude" und „Spielsachen" hingewiesen, die von der Pädoaudiologischen Beratungsstelle Heidelberg gegen eine geringe Gebühr bezogen werden können.²)

---

²) siehe: ebenda; Seite 92—93.

23. ÜBUNG

Wir hören Sätze

Was soll erreicht werden?

Das Kind soll durch diese Übung zwei kleine, aber verschieden lange Sätze nur über das Gehör unterscheiden lernen.

Was wird dazu benötigt?

Ein Bild von einem Buben, der ein Flugzeug in der Hand hält.
Ein Bild von einem Mädchen, das weint.
Ein Aktendeckel. Zwölf Papiersterne mit Gummierung auf der Rückseite.
Den 32 × 22,5 cm großen Aktendeckel schneiden wir so auseinander, daß wir zwei zusammenklappbare Hälften von 16 × 22,5 cm Größe erhalten. Auf die beiden Innenseiten dieser Aktendeckelhälften kleben wir je eines der beiden oben näher bezeichneten Bilder. Bevor wir die Übung beginnen, legen wir noch je sechs Sterne vor die beiden Bilder auf den Tisch.

Wie wird die Übung durchgeführt?

Im vorliegenden Fall beginnen wir mit den beiden Sätzen:
  Der Bub hat ein Flugzeug.
  Das Mädel weint.

Bei dieser Übung sitzen wir mit dem Kind am Tisch. Zwischen uns liegt auf dem Tisch das beschriebene Übungsmaterial. Wir sprechen nun dem Kind den ersten Satz zu: „Der Bub hat ein Flugzeug." Dann klappen wir die noch geschlossene Aktendeckelhälfte auf, die das betreffende Bild enthält, und kleben einen Stern auf die freie Fläche über dem Bild. Dann sprechen wir den Satz „Das Mädel weint" und verfahren in gleicher Weise. Bevor wir fortfahren, fordern wir das Kind auf, uns gut zuzuhören und bei uns abzufühlen. Als Antwort führt es die beschriebene Tätigkeit aus. Sobald es dabei eine genügende Sicherheit erlangt hat, probieren wir die Übung nur über das Hören. Sollte es dies noch nicht können, darf es noch abfühlen. Erst wenn Hören und Fühlen noch unzureichend sind, um die beiden Sätze sicher zu unterscheiden, gehen wir noch einmal zum gleichzeitigen Hören, Abfühlen und Ablesen über.

Selbstverständlich hat es nur dann einen Sinn, diese Übung mit dem Kind durchzuführen, wenn es den Inhalt der beiden Sätze auch versteht. Ist dies noch nicht der Fall, muß man zwei andere, ihm bekannte Sätze auswählen.

Variationsmöglichkeiten

A. *Zur Aufrechterhaltung des Interesses*
1. An Stelle der Bilder benützen wir Drahtbiegepuppen (einen Buben mit einem Flugzeug und ein weinendes Mädchen). Das Kind klebt die Sterne auf die Tischfläche vor diesen Figuren.
2. Wir fertigen eine größere Zahl von kleinen Bildern an (Bub mit Flugzeug, weinendes Mädel), und kleben sie auf Karton.
   a) Das Kind dreht die Bilder um.
   b) Es angelt die Bilder.
   c) Es steckt sie in eine Steckleiste.
   d) Es hängt sie an einem kleinen Schlüsselbrett auf.
3. Wir benützen Mimik und Aktion. Das Kind tut entweder so als ob es weine oder es macht mit den Armen fliegende Bewegungen.
4. Wir legen die Bilder auf einen abseits stehenden Stuhl oder Tisch. Das Kind darf
   a) das richtige Bild holen,
   b) das richtige Bild in einen Behälter werfen oder
   c) vor oder auf das richtige Bild einen Legostein legen.
5. Wir malen mehrere Bilder auf eine Tafel. Das Kind antwortet, indem es
   a) das richtige Bild auswischt,
   b) das richtige Bild mit farbiger Kreide ausmalt,
   c) das richtige Bild auskreuzt oder
   d) unter das richtige Bild einen Stern oder ein Kreuz zeichnet.
6. Wenn das Kind schon lesen kann, schreiben wir die beiden Sätze mehrmals auf Streifen festen Papiers. Das Kind antwortet, indem es

a) den richtigen Satz zu dem entsprechenden kleinen Bild trägt,
b) den richtigen Satz herumdreht oder
c) den richtigen Satz lediglich hochhebt.

Im letzten Fall benötigen wir nur zwei Sätze. Um das Kind zur freudigen Mitarbeit anzuspornen, können wir neben jeden Satz einen kleinen Apfel legen. Hat es den richtigen Satz hochgehoben, darf es einmal in den daneben liegenden Apfel beißen.

B. Zur Steigerung der Schwierigkeit

1. Wir üben, je nach Sprachstand, Intelligenz und Hörvermögen des Kindes mit längeren und schwierigeren Sätzen, z. B.:
   Der Bub spielt auf der Straße Fußball.
   Das Mädel geht mit der Mutter einkaufen.
2. Wir erweitern die eingangs geübten beiden Sätze zu einer kleinen Geschichte. Das Kind soll die dabei benützten Sätze akustisch unterscheiden und nachsprechen:
   Der Bub hat ein Flugzeug.
   Der Bub spielt mit dem Flugzeug.
   Das Flugzeug ist blau.
   Das Mädel weint.
   Es hat kein Flugzeug.
3. Wir üben Sätze, die sich nicht so leicht unterscheiden, z. B.:
   Der Bub lacht.
   Der Bub weint.
   Der Bub hat ein Flugzeug.
   Das Mädel hat ein Auto.
   Mama ist in der Küche.
   Papa ist im Keller.
   Bei allen Sätzen müssen wir jedoch bedenken, daß wir nur solche Sätze zu Übungen heranziehen können, die dem Kind inhaltlich vertraut sind.

24. ÜBUNG

Weitere Satzübungen

Was soll erreicht werden?

Bei dieser Übung soll das Kind zwei oder mehr Sätze von annähernd gleicher Länge unterscheiden lernen.

Was wird dazu benötigt?

Bilder von Familienangehörigen, welche die Tätigkeiten ausüben, von denen in den Übungssätzen die Rede ist.
Ein einfacher Kleiderbügel aus Draht oder Plastik.
Wäscheklammern.

Wie wird die Übung durchgeführt?

Wir nehmen als Beispielsätze
   Mama fährt mit dem Auto.
   Papa fängt einen Fisch.
Zunächst hängen wir in Reichweite des Kindes den Kleiderbügel auf. Dann legen wir die Bilder (Mama im Auto und Papa im Boot) vor das Kind auf den Tisch. Dem Kind sagen wir nun, daß es uns anschauen, zuhören und

bei uns abfühlen soll. Darauf beginnen wir mit dem Satz „Mama fährt mit dem Auto." Sobald wir diesen Satz gesprochen haben, nehmen wir ein entsprechendes Bild und befestigen es mit einer Klammer am Kleiderbügel. In gleicher Weise verfahren wir mit dem Satz „Papa fängt einen Fisch." Sobald das Kind begriffen hat, was wir von ihm verlangen, darf es selbst die gewünschte Antwort geben und die entsprechenden Bilder aufhängen; zunächst mit gleichzeitigem Ablesen, dann ohne Ablesen. Bereitet dies noch Schwierigkeiten, versuchen wir es noch einmal mit gleichzeitigem Hören und Abtasten. Erst dann, wenn das Kind auch mit dieser Hilfe noch nicht richtig antwortet, gehen wir nochmals auf das Ablesen zurück.

Variationsmöglichkeiten

A. Zur Aufrechterhaltung des Interesses

1. Das Kind hängt die Bilder ab.
2. Wir fertigen uns eine große Schachtel mit einem Schlitz zum Einwerfen der Bilder an. Das Kind beantwortet den Satz, indem es das richtige Bild in die Schachtel steckt.
3. Wir koppeln das Spiel mit einer Gedächtnisübung. Bei schon etwas älteren Kindern können wir so vorgehen, daß wir dem Kind jedes einzelne Bild zeigen, den Satz dazu sprechen und es dann vor dem Kind auf dem Tisch mit der Bildseite nach unten ablegen. Dabei soll sich das Kind gut einprägen, wo Bilder mit dem Auto und wo solche mit dem Boot liegen. Bei der eigentlichen Übung muß das Kind das richtige Bild aus dem Gedächtnis finden und umdrehen.
4. Wir benützen Drahtbiegepuppen. Wenn der Satz „Mama fährt mit dem Auto" gesprochen wird, lassen wir eine Puppe in ein Spielzeugauto setzen. Bei dem Satz „Papa fängt einen Fisch" gibt das Kind einer entsprechenden Puppe einen Fisch.
5. Wir benützen Bilder einzelner Personen bzw. Gegenstände, z. B. Bilder mit der Mama, dem Papa, dem Auto und dem Fisch. Das Kind beantwortet unseren Satz, indem es jeweils zwei zusammengehörige Bilder holt, etwa Papa und Fisch.
6. Wir fertigen uns aus einem Stück Pappe, einem Pfeil und einer Musterklammer ein Drehspiel an, dem wir, wie aus der Abbildung zu ersehen ist, zwei größere Bilder aufkleben. Der Durchmesser des kreisförmigen Drehspieles soll etwa 40 cm betragen, also groß genug sein, um später eventuell drei oder vier verschiedene Bilder aufkleben zu können. Das Kind dreht den Pfeil auf das dem zugesprochenen Satz entsprechende Bild.

B. *Zur Steigerung der Schwierigkeit*
1. Die Sätze werden schwieriger gestaltet, z. B.
   Der Bub geht.
   Der Bub fällt.
   Der Bub hüpft.
   Das Mädel hat zwei rote Bälle.
   Das Mädel hat vier rote Bälle.
   Je mehr sich zwei Sätze in Länge, Rhythmus und Klang ähneln, desto schwerer sind sie zu unterscheiden. So ist es z. B. leichter, den Satz „Der Bub fällt auf den Boden" von dem Satz „Das Auto ist kaputt" zu unterscheiden als den Satz „Das Mädel fällt" von dem Satz „Das Auto hält" Hat ein Kind Schwierigkeiten, zwei sehr ähnliche Sätze zu unterscheiden so versucht man ihm zuerst durch zusätzliche sprachliche Hinweise zum richtigen Unterscheiden zu verhelfen, bevor man ihm etwa erlaubt, den Satz vom Mund abzulesen.
2. Wenn ein Kind zwei Sätze sicher voneinander unterscheiden kann, bieten wir ihm drei, später auch vier oder fünf verschiedene Sätze zur akustischen Unterscheidung an.

25. ÜBUNG

Der Bilderbaum

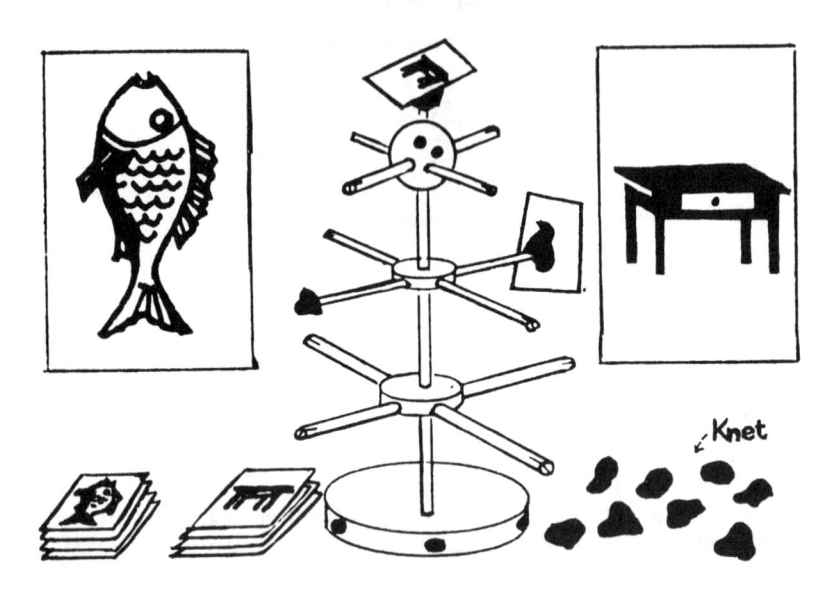

Was soll erreicht werden?

Mit dieser Übung wollen wir versuchen, das Kind zum bewußten Unterscheiden von zwei Worten zu führen, die einen gemeinsamen Selbstlaut haben, sich aber wenigstens in einem Leiselaut unterscheiden, wie dies z. B. bei den Worten „Fisch" und „Tisch" der Fall ist.

Was wird dazu benötigt?

Ein Satz Steckhölzer.
Eine größere Zahl von Bildern mit einem Fisch und einem Tisch, aufgeklebt auf Karton und mit einem Faden zum Aufhängen versehen. Aus den Steckhölzern bauen wir eine Art Baum mit vielen Ästen.

Wie wird die Übung durchgeführt?

Wir stellen den „Baum" vor das Kind auf den Tisch. Dann holen wir die vorbereiteten Bilder, zeigen sie Stück für Stück dem Kind und sprechen ihm dabei gut artikuliert das dazugehörige Wort zu. Dann legen wir die Bilder sortiert in zwei kleinen Stößen vor dem Kind ab.

Nun erst beginnen wir die eigentliche Übung. So sprechen wir zum Kind: „Hole einen Fisch!" Dabei darf uns das Kind auf den Mund schauen und auch noch abfühlen. Dann holen wir ein Bild mit einem Fisch und hängen es auf den „Baum". Anschließend fordern wir das Kind in gleicher Weise auf, einen Tisch zu holen, den es nun schon selbst aufhängen darf.
Natürlich müssen wir die Reihenfolge, in der wir die Bilder holen lassen, immer ändern, etwa wie folgt: „Hole einen Fisch!", „Hole einen Tisch!", „Hole einen Tisch!", Hole einen Fisch!" usw.
Sobald das Kind die Übung auf diese Weise sicher beherrscht, versuchen wir es ohne Ablesen, indem wir uns einen Windschirm vor den Mund halten Macht es noch Fehler, versuchen wir zunächst, ob es diese mit zusätzlicher Hilfe des Abfühlens korrigieren kann, bevor wir wieder zum Hören und Sehen zurückkehren.

Variationsmöglichkeiten

A. Zur Aufrechterhaltung des Interesses

1. Wir benützen einen Tannenzweig und lassen die Bilder darauf hängen.
2. Wir lassen die Bilder wieder abhängen.
3. Wir hängen mehrere Bilder in bunter Folge auf einen Kleiderbügel und lassen sie von dort wieder abhängen.
4. Wir lassen die Bilder in zwei verschiedene Schachteln legen.
5. Wir zeichnen uns auf ein Stück Karton eine Art Spielfeld, wie es auf der nebenstehenden Abbildung zu sehen ist. In die kleinen Felder der linken Reihe zeichnen wir je einen Fisch und in die Felder der rechten Seite je einen Tisch. Außerdem verschaffen wir uns noch wenigstens zwei Spielsteine, für jede Reihe einen. Je nachdem, welches Wort gesprochen wurde, wird er links oder rechts ein Feld vorwärtsgelegt.

6. Wir zeichnen uns auf ein quadratisches Stück Papier neun kleine Spielfelder, drei Reihen mit jeweils drei Feldern. In diese zeichnen wir in buntem Wechsel vier Fische und fünf Tische. Vor dieses Spielfeld legen wir z. B. neun Legosteine, mit denen die Bilder belegt werden sollen.

B. *Zur Steigerung der Schwierigkeit*
1. Die Worte „Fisch" und „Tisch" werden in kleine Sätze eingebettet:
    Ich will den Fisch.   Gib mir den Fisch!
    Ich will den Tisch.   Gib mir den Tisch!
    Wo ist der Fisch?   Suche den Fisch!
    Wo ist der Tisch?   Suche den Tisch!
    Hole den Fisch!   Lege den Knopf auf den Fisch!
    Hole den Tisch!   Lege den Knopf auf den Tisch!
    usw.   usw.
2. Wir üben andere Wortkombinationen, die denselben Selbstlaut, aber verschiedene Leiselaute besitzen, z. B.

Haus	Bach	Boot	Bett	Bank
Maus	Dach	Brot	Brett	Schrank
Butter	Kamm	Schuhe	Schüssel	Tanne
Mutter	Schwamm	Schule	Schlüssel	Wanne usw.

3. Wir üben mit zwei Wortgruppen zur gleichen Zeit, z. B.
    mit   Fisch—Tisch   und   Haus—Maus.
4. Wir bilden Gruppen mit drei ähnlich lautenden Worten, z. B.
    Frau   — blau   — Sau
    Boot   — rot   — Brot.

26. ÜBUNG

Hallo und Aufwiedersehen

Was soll erreicht werden?

Diese Übung soll beim Kind das Interesse für kleine Geschichten wecken und ihm helfen, Worte, Redewendungen und kleine Sätze allein über das Gehör unterscheiden zu lernen.

Was wird dazu benötigt?

Ein einfaches Bild, das wir aus einer illustrierten Zeitschrift ausschneiden oder selbst zeichnen können. Als Beispiel wird ein Bild gewählt, auf dem der Vater gerade ein Flugzeug besteigt. Mutter und Kind winken ihm nach

Wie wird die Übung durchgeführt?

Wir zeigen dem Kind das erwähnte Bild und sagen ihm, daß es uns anschauen, uns zuhören und bei uns abfühlen soll. Sobald es dazu bereit ist, erzählen wir ihm eine ganz einfache Geschichte, z. B.:

„Papa geht zum Flugzeug."
„Papa fliegt hoch."
„Mama sagt Ade!"
„—— sagt Ade!"

Nun erzählen wir ihm die Geschichte noch einmal Satz für Satz. Nach jedem Satz erklären wir mit Hilfe des Bildes, was der Satz meint, z. B.

„Papa geht zum Flugzeug." Wir deuten auf den Mann, der sich dem Flugzeug nähert.
„Papa fliegt hoch." Wir ergreifen das Bild, tun so als ob es das Flugzeug wäre und lassen es hoch durch die Luft fliegen.
„Mama sagt Ade!" Wir deuten auf die Mutter und winken.
„—— sagt Ade!" Wir deuten auf das Kind und winken

Im Anschluß daran wiederholen wir die Geschichte noch einmal. Das Kind wird dabei ermuntert, an unserer Stelle die Handlung durch kleine Bewegungen zu verdeutlichen.

Nun greifen wir aus dem ersten Satz das Wort „Papa" und aus dem zweiten das Wort „hoch" heraus. Das Kind soll beide Worte nunmehr allein über das Gehör unterscheiden lernen.

Zunächst ermahnen wir das Kind wieder zum Aufschauen, Zuhören und Abfühlen. Dann fragen wir es: „Wo ist Papa?" Beim Deuten auf den Papa müssen wir ihm eventuell noch helfen. Die Frage wiederholen wir zwei- oder dreimal, bis das Kind ohne unsere Hilfe sicher auf den Papa zeigt. Sollte es das Wort „Papa" schon sprechen können, so soll es dies tun, bevor es auf den Papa deutet.

Dann sagen wir „hoch, hoch". Als Antwort soll das Kind so tun als ob es das Flugzeug auf dem Bild ergreifen und aufsteigen lassen wolle. Wenn wir ein kleines Flugzeug haben, können wir dieses auf das Bild stellen und vom Kind hochheben lassen. Auch diesen Vorgang wiederholen wir mehrmals.

Nun bieten wir beide Sätze mit besonderer Betonung der Worte „Papa" und „hoch" dem Kind in unregelmäßiger Folge dar, und zwar so lange, bis das Kind die erwünschten Antworten fehlerfrei zu geben vermag.

Erst jetzt gehen wir dazu über, unseren Mund zu verdecken und dem Kind die beiden Sätze lediglich über das Gehör darzubieten. Werden seine Antworten unsicher, erlauben wir ihm zusätzlich noch das Abfühlen. Macht es auch dann noch Fehler, darf es noch eine Weile hören, fühlen und sehen.

Sobald das Kind gelernt hat, die richtigen Tätigkeiten zu diesen beiden Sätzen auszuführen, können wir eine andere Satzgruppe üben, z. B. „Ade!" und „hoch, hoch". Bei „hoch, hoch" hebt das Kind das kleine Flugzeug in die Höhe und bei „Ade!" zeigt es auf die Mutter und ahmt deren Winken nach.

Auf sehr ähnliche Weise können wir die Worte „Papa" und „Mama" gegenüberstellen. Das Kind zeigt dabei jeweils auf die betreffende Person. Weitere Wortpaare, die wir so üben können, wären „Mama" und der Name des Kindes.

Wenn das Kind die angegebenen Wortpaare gut unterscheiden kann, gehen wir dazu über, drei oder vier Worte zu einer Gruppe zusammenzufassen Schließlich bieten wir dem Kind alle vier Sätze an. Dabei werden wir am Anfang wieder das Ablesen erlauben. Erst wenn das Kind die Sätze mit Hilfe des Ablesens sicher unterscheidet, werden sie auch ohne Zuhilfenahme des Ablesens geübt.

Variationsmöglichkeiten

A. Zur Aufrechterhaltung des Interesses

1. Wir benützen Drahtbiegefiguren, kleine Puppen und Flugzeuge. Das Kind darf sie entsprechend der Tätigkeit des gesprochenen Satzes bewegen. So hebt es z. B. das Flugzeug hoch. Wenn man will, kann man der Puppe ein Taschentuch geben, damit das Winken noch besser angedeutet werden kann.
2. Wir benützen die Flanelltafel. Wir schneiden passende Bilder aus oder nehmen Fotos von Familienangehörigen und kleben Alphatexpapier auf deren Rückseite. Das Kind nimmt das Bild, das zu dem ihm zugesprochenen Satz gehört und heftet es an die Tafel.
3. Wir zeichnen uns vier Bilder, von denen jedes einen der vier Sätze illustriert. Das Kind antwortet, indem es
   a) auf das richtige Bild deutet,
   b) das richtige Bild umdreht,
   c) einen Spielstein auf das richtige Bild legt oder
   d) das richtige Bild an die Flanelltafel heftet.
4. Wir bauen uns ein Steckspiel. Hierzu kleben wir die unter Nr. 3 angegebenen vier Bilder auf ein Stück Pappe (Rückwand eines Zeichenblocks) und schneiden sie dann aus. Auf diese Weise erhalten wir vier Fenster. Unter die Pappe mit den vier Fenstern kleben wir nun eine gleichgroße Pappe. Nun ist das Zusammensetzspiel fertig. Das Kind antwortet nun, indem es die Bilder in die Fenster einsetzt.

B. Zur Steigerung der Schwierigkeit

1. Wir führen andere Geschichten ein. Geeignetes Bildmaterial hierfür sind:
   a) Die logische Rangfolge.[1])
   b) Die Erzählbogen.[2])
2. Wir versprachlichen kleine Erlebnisse. Der Grad der Schwierigkeit hängt von der Begabung und dem Hörvermögen des Kindes ab. Bei diesen Übungen müssen wir immer daran denken, daß es für das Kind leichter ist, Vokale zu unterscheiden als Konsonanten.

---

[1]) siehe: Löwe, Sprachfördernde Spiele; Seite 90—92.
[2]) siehe: ebenda; Seite 72—74.

27. ÜBUNG

Wo ist der Ball?

Was soll erreicht werden?

Durch diese Übung soll das Kind Freude an kleinen Geschichten bekommen und gleichzeitig deren Sätze nur über das Gehör unterscheiden lernen.

Was wird dazu benötigt?

Ein Aktendeckel. Eine kleine Menge Tesafilm.

Zuerst denken wir uns eine kleine Geschichte aus. Als Beispiel seien die folgenden acht Sätze gegeben.

„Ich habe einen Ball.
Ich spiele mit dem Ball.
Ich werfe den Ball.
Der Ball fällt auf den Boden.
Wo ist der Ball?
Suche hinter dem Zaun!
Suche hinter dem Baum!
Der Ball ist da."

Nun schneiden wir den Aktendeckel in der Mitte, wo er zusammengefaltet ist, in zwei Hälften. Die eine Hälfte teilen wir in acht Felder. In diese Felder zeichnen wir mit einfachen Strichzeichnungen die den Sätzen entsprechenden Situationen in richtiger Reihenfolge ein. Die Bälle werden jedoch nicht gezeichnet.

Aus der zweiten Hälfte des Aktendeckels schneiden wir jetzt sechs kleine Bälle, einen Zaun und einen Baum aus. Dem Zaun und dem Baum geben wir kleine Füße, damit wir sie später aufstellen können. Auf die Rückseite des Baumes kleben wir eine kleine Tasche auf, in die wir einen der ausgeschnittenen Bälle stecken können. Auf die Bilder 1 bis 4 und 8 kleben wir schließlich an die dafür vorgesehenen Stellen ein kleines Stück Tesafilm, von dem wir noch ein Stückchen umgeklappt lassen, damit wir die Bälle aufkleben können.

Wie wird die Übung durchgeführt?

Wir legen zunächst die Spieltafel mit den acht Bildern vor das Kind. Daneben, anfangs allerdings noch außerhalb der Reichweite des Kindes, liegen die kleinen Bälle.

Wir beginnen die Übung damit, daß wir dem Kind zunächst einmal die ganze Geschichte ohne Unterbrechung erzählen. Anschließend wird sie ihm noch einmal Satz für Satz erzählt. Dabei soll uns das Kind auf den Mund schauen, uns zuhören und bei uns abfühlen. Bei jedem Satz erläutern wir dem Kind die Antworten, die wir von ihm erwarten. So sprechen wir z. B. „Ich habe einen Ball", nehmen einen der kleinen Bälle und kleben ihn auf das Stück Tesafilm auf dem ersten Bild. Oder wir fragen „Wo ist der Ball?" und deuten dabei auf das Bild 5, auf dem kein Ball zu entdecken ist. Bei Bild 6 sagen wir „Suche hinter dem Zaun!" (diesen haben wir vorher in die durch zwei Striche angedeuteten Löcher gesteckt), heben diesen hoch, um so zu beweisen, daß kein Ball dahinter liegt. Oder wir sprechen „Suche hinter dem Baum!" und lassen das Kind dort den Ball finden.

Dann erzählen wir dem Kind die Geschichte noch einmal. Diesmal darf es mit unserer Hilfe die Bälle allein an den richtigen Platz legen. Schließlich sprechen wir ihm die Sätze noch ein drittes Mal vor. Diesmal soll es die Antworten ganz selbständig ausführen.

Sobald das Kind dabei keine Fehler macht, versuchen wir die Übung allein über das Gehör durchzuführen. Unseren Mund verdecken wir beim Sprechen mit einem kleinen Windschirm. Dabei sprechen wir dem Kind die Sätze zuerst in ihrer richtigen Reihenfolge, später aber in unregelmäßiger Folge zu.

Variationsmöglichkeiten

A. Zur Aufrechterhaltung des Interesses

1. An Stelle der Zeichnungen verwenden wir geeignete Fotos.

2. Wir zeichnen die Bilder auf eine kleine Wandtafel. Das Kind beantwortet den ihm zugesprochenen Satz, indem es den Ball auf dem betreffenden Bild anmalt.
3. Wir ersinnen andere Geschichten, die wir mit wenigen Bildern darstellen können:
4. Wir geben dem Kind Puppen und kleine Spielgegenstände und lassen es damit die Geschichte spielen.

B. Zur Steigerung der Schwierigkeit

Für jüngere Kinder dürfen die Geschichten nur ganz wenige Sätze umfassen. Die „Ballgeschichte" ließe sich z. B. auf drei Sätze zusammenstreichen:
„Ich habe einen Ball.
Ich spiele mit dem Ball.
Der Ball fällt auf den Boden."
Bei älteren und sprachlich schon gut geförderten Kindern können wir die Sätze erweitern.

28. ÜBUNG

Wir hören im Freien

Was soll erreicht werden?

Diese kleine Übung soll dem Kind zu der Erkenntnis verhelfen, daß die Lautstärke je nach Entfernung der Lautquellen vom Hörer zu- oder auch abnimmt. Darüber hinaus soll es mit Hilfe dieser Übung die größtmögliche Entfernung herausfinden, bei der es mit Hilfe seines individuellen Hörgerätes einen Schallreiz noch wahrnehmen kann.

Was wird dazu benötigt?

Eine kleine Fahne. Sie läßt sich aus einem Stück farbigen Stoff und einem Stock unschwer selbst herstellen. Für diese Übung benötigen wir viel Raum. Wenn es möglich ist, führen wir sie im Freien durch; dort allerdings in möglichst ruhiger Umgebung.

Wie wird die Übung durchgeführt?

Wir stehen dem Kind, das sein Hörgerät trägt, in einem Abstand von etwa 1 m gegenüber. Das Kind hält die Fahne nach unten gesenkt.

Nun rufen wir ihm zu: „He, Walter!" (oder wie immer das Kind heißen mag). Zugleich zeigen wir ihm, daß es als Antwort auf den Zuruf die Fahne hochheben soll. Dies wird mehrmals wiederholt. Falls es erforderlich ist, geben wir dem Kind durch jeweiliges Berühren seines Armes noch eine zusätzliche Hilfe. Auf diese Weise fahren wir fort, bis wir merken, daß das

Kind richtig zu antworten vermag. Jede richtige Antwort wird von uns mit einem leichten Nicken des Kopfes bestätigt.
Im Laufe dieser einleitenden Übung vergrößern wir nach und nach den Abstand um jeweils etwa einen halben Meter.
Bis zu diesem Zeitpunkt konnte das Kind uns gleichzeitig hören und sehen und, sofern wir es noch zusätzlich am Arm berührten, auch noch fühlen. Im weiteren Verlauf nehmen wir dem Kind die Möglichkeit des Sehens, indem wir mit dem Windschirm unser Gesicht beim Rufen verdecken. Diesmal dürfen wir allerdings die Entfernung zwischen uns und dem Kind nur langsam und ganz allmählich vergrößern.
Wenn der Punkt erreicht ist, an dem das Kind infolge zu großer Entfernung nicht mehr reagiert, machen wir auf dem Boden ein Zeichen und spielen dann auf folgende Weise weiter:
1. Wir gehen ungefähr einen halben Meter näher an das Kind heran, so daß es wieder hören und somit auch wieder richtig antworten kann. Wir lassen es jetzt auch wieder gleichzeitig ablesen und hören.
2. Dann gehen wir wieder zu dem Punkt zurück, von dem aus es uns nicht mehr hören konnte. Wir rufen ihm wieder zu. Dabei darf es uns auf den Mund schauen, so daß es jetzt ganz klar erkennt, daß es von dieser Entfernung an uns nicht mehr hören kann. Dem Kind soll auf diese Weise unmißverständlich klar gemacht werden, daß es richtig gehandelt hatte, als es nicht mehr antwortete. So können wir ihm auch sagen: „Du hörst mich jetzt nicht. Ich bin zu weit weg."
Sehr wichtig ist es bei all diesen Übungen, daß wir uns immer bemühen, mit gleicher Lautstärke zu sprechen. Keinesfalls dürfen wir bei zunehmender Entfernung die Lautstärke erhöhen.
Die Übungen 1 und 2 müssen solange wiederholt werden, bis das Kind ganz sicher begriffen hat, wie es auf Schallreize reagieren soll.
Wenn das Kind ganz zuverlässig reagiert, werden die beiden Übungen noch einmal wiederholt, diesmal allerdings mit verdecktem Mund. Eine richtige Antwort wird jeweils durch leichtes Kopfnicken bestätigt. Ziel dieser Übung ist es, dem Kind unmißverständlich klarzumachen, daß sein Hören bzw. Nichthören von der Entfernung abhängig ist. Es wird sich darum nicht umgehen lassen, dem Kind hierfür Erklärungen und gegebenenfalls auch Demonstrationen zu geben, damit es ganz klar erfaßt, daß es bei Überschreiten einer bestimmten Entfernung nichts mehr hören kann. Dies gilt natürlich nur für die Wahrnehmung der Stimme. Für das Verstehen des Gesprochenen muß die Entfernung wesentlich kürzer sein.

Variationsmöglichkeiten

A. Zur Aufrechterhaltung des Interesses

1. Wir verwenden Fahnen verschiedener Größe und Farben, so daß im Ver-

laufe der Übungen immer wieder eine andere Fahne benützt werden kann.
2. Das Kind bekommt einen kleinen Korb voller Bauklötze, Wäscheklammern, Legosteine oder anderer Spielgegenstände Wenn es den Satz „He, Walter!" vernimmt, soll es einen Gegenstand aus dem Korb nehmen, an sein Ohr halten und dann in einen anderen Korb legen.
3 Kann das Kind schon sprechen, darf es eine mündliche Antwort geben, die je nach dem Sprachstand des Kindes kurz oder lang ausfallen kann: „Ja" oder auch „Ja, ich höre" bzw. „Nein" oder auch „Nein, ich höre nicht".
4. Das Kind reagiert mit Kopfnicken oder Handerheben.
5. Das Kind antwortet mit einem vorher ausgemachten Signal, sobald es nicht mehr hört.

B. *Zur Steigerung der Schwierigkeit*

1. Wir erschweren die Übung, indem wir dem Kind eine doppelte Aufgabe stellen. Es soll nicht nur anzeigen, ob es eine Stimme gehört hat, sondern auch, ob sie laut oder leise war. Hierfür geben wir ihm eine größere und eine kleinere Fahne. Die kleine Fahne wird gehoben, wenn die Stimme leise, die große, wenn sie laut war.
2. Das Kind wird von verschiedenen Entfernungen aus abwechselnd laut und leise gerufen. Dies ist jedoch erst dann möglich, wenn es zuvor gelernt hat, laut und leise von einer festgelegten Entfernung aus sicher zu unterscheiden.
3. Sobald das Kind die Aufgaben 1 und 2 verstanden hat, darf es der Lehrer sein und man selber ist der Schüler. Dies dient zum Überprüfen seines Verständnisses und vermittelt ihm Übung in der Kontrolle seiner eigenen Stimmstärke.
4. Für sehr weit fortgeschrittene Kinder bieten sich noch folgende Übungsmöglichkeiten an:
    hoher, leiser Ton: die kleine Fahne wird hoch gehoben,
    hoher, lauter Ton: die große Fahne wird hoch gehoben,
    tiefer, leiser Ton: die kleine Fahne wird nach unten gehalten,
    tiefer, lauter Ton: die große Fahne wird nach unten gehalten.
5. Wir wechseln die Sprecher. Dadurch soll das Kind erkennen lernen, daß nicht jeder Sprecher von der gleichen Entfernung aus gleich gut zu verstehen ist.
6. Verschiedene Familienangehörige rufen das Kind während einer Übung in buntem Wechsel mit seinem Namen. Das Kind anwortet, indem es ein Foto des jeweiligen Sprechers hochhebt.
Wenn jeder im Hörbereich des Kindes spricht, sollte dieses fähig sein, die unterschiedlichen Stimmqualitäten der einzelnen Sprecher zu erkennen und richtig zu antworten.

29. ÜBUNG

Rechts oder links

Was soll erreicht werden?

Mit dieser kleinen Übung wollen wir dem Kind helfen, einen Ton zu lokalisieren.

Was wird dazu benötigt?

Stereophone Verstärkung *). Zwei kleine Fahnen und zwei gleiche Schlaghölzer, die sich in ihrer Tonqualität nicht unterscheiden dürfen. Ferner zwei Personen, die die Schlaghölzer bedienen. Es genügt auch eine Person, wenn diese ihre Stellung immer ändert.

Wie wird die Übung durchgeführt?

Das Kind sitzt entweder auf dem Boden oder auf einem Stuhl, und zwar in Blickrichtung auf die Person, welche die Schlaghölzer bedient. In jeder Hand hält es ganz ruhig eine nach unten gerichtete Fahne. Hört es den durch Aufeinanderschlagen der beiden Schlaghölzer erzeugten Ton, muß es schnell antworten, indem es die Fahne auf der Seite, von der her der Ton gekommen ist, auf und ab schwingt. Erst wenn es diesen Zusammenhang begriffen hat, muß es sich umdrehen und sich fortan allein auf sein Gehör verlassen.

Variationsmöglichkeiten

A. Zur Aufrechterhaltung des Interesses

1. An Stelle der Schlaghölzer werden andere Lärminstrumente verwendet, z. B. Glocken, Trommeln, Hörner, Kastagnetten.

Das Kind beantwortet die akustischen Reize auf verschiedene Art und Weise:

a) Es darf in jeder Hand eine Rosine, ein Bonbon, eine Erdnuß usw. halten, sie aber nur dann essen, wenn es die Richtung, aus welcher der Ton kam, richtig bestimmt hat.

b) Es darf in jeder Hand einen Ball, eine Wäscheklammer, eine Murmel usw. halten. Bei richtiger Angabe der Richtung, aus der es den Ton wahrgenommen hat, darf es den Gegenstand in der entsprechenden Hand in eine vor ihm stehende Schachtel werfen.

---

*) Hierzu sind entweder zwei Hörgeräte oder ein Stereo-Hörtrainer nötig.

c) Es darf die Richtung durch Hochheben des entsprechenden Armes anzeigen.
2. Ein tragbares Transistorradio wird in verschiedene Richtungen gehalten. Das Kind beantwortet die wahrgenommene Radiomusik
   a) indem es mit geschlossenen Augen in die Richtung geht, aus der es die Musik hört;
   b) in die Richtung deutet, aus der es die Musik hört;
   c) eine der oben unter A 1 angegebenen Antworten gibt.
3. Wir werfen Münzen (Pfennigstücke) auf eine harte Boden- oder Tischfläche. Gibt das Kind die Stelle, auf der die Münze niedergefallen ist, richtig an, darf es die Münze behalten.
4. Wir nützen jede sich bietende Gelegenheit, um das Richtungshören zu üben, z. B. bei Geräuschen, die durch Autohupen, Flugzeuge, Traktoren, Züge und andere Verkehrsmittel hervorgerufen werden.

B. Zur Steigerung der Schwie igkeit

1. Wir verringern die Lautstärke des dargebotenen Tones.
2. Wir bieten den Ton dem Kind aus einer größeren Entfernung an.
3. Wir bieten dem Kind leisere Töne aus größerer Entfernung an.
4. Wir lassen vom Kind nicht nur die Richtung, aus welcher der Ton zu vernehmen war, bestimmen, sondern auch das Instrument, mit dem er erzeugt worden ist.
5. Das Kind soll sowohl die Richtung des Tones als auch die Anzahl der dargebotenen Töne bestimmen.

30. ÜBUNG

Wo bin ich?

Was soll erreicht werden?
Mit Hilfe dieser Übung soll das Kind lernen, Stimmen zu lokalisieren.

Was wird dazu benötigt?
Stereophone Verstärkung:
Zwei oder mehr Familienangehörige. Eine Papiertüte, die groß genug sein soll, um über den Kopf des Kindes gestülpt werden zu können. Man kann ein Kindergesicht oder auch ein Tiergesicht darauf malen, um das Spiel für das Kind noch reizvoller zu gestalten.

Wie wird die Übung durchgeführt?
Die Familienangehörigen stehen in verschieden großen Abständen um das Kind herum, dem nun die Papiertüte aufgesetzt wird. Dann wird es vorsichtig einige Male im Kreis herumgedreht, damit es die Orientierung verliert. Einer der Familienangehörigen ruft sodann: „Wo bin ich?" Das Kind soll nun in die Richtung deuten, aus welcher es glaubte, die Stimme gehört zu haben. Sofern dies möglich ist, soll es sprechen: „Du bist da." Anschließend wird ihm die Tüte abgenommen, damit es sieht, ob es richtig oder falsch geraten hat.

Variationsmöglichkeiten

A. Zur Aufrechterhaltung des Interesses
1. Statt der Tüte verwenden wir ein Tuch, mit dem wir dem Kind die Augen verbinden.
2. Das Kind steht mit dem Rücken zur Gruppe und schließt die Augen.
3. Verträgt das Kind es nicht, wenn es im Kreis herumgedreht wird, so lassen wir es mit verbundenen Augen stehen und wechseln zusammen mit allen anderen Mitspielern lautlos unseren Platz.
4. Wenn das Kind einen Mitspieler richtig geortet hat, darf es mit ihm den Platz tauschen.

B. Zur Steigerung der Schwierigkeit
1. Derjenige Mitspieler, der eine Frage stellt, fragt z. B.: „Ich bin bei einem Stuhl. Wo bin ich?" Das Kind antwortet: „Du bist bei einem Stuhl" und deutet dabei in die Richtung, aus der es die Stimme vernommen hat.
Weitere Möglichkeiten:
„Ich bin bei der Lampe, am Tisch, am Sofa, am Fenster, an der Tür, an der Heizung usw."
Die Anzahl der dem Kind zugesprochenen Sätze richtet sich ganz nach seinem Sprachstand.
2 Das Kind antwortet, indem es den Namen des Mitspielers nennt, der es gerufen hat. So kann es z. B. sagen: „Mama ist am Sofa."

C. Literatur

Antonia, Sister Rose:	Help Deaf Children Build a Better World — Teach Them to Use Hearing Aids; in: Proceedings of the International Congress on Education of the Deaf, Washington, 1963.
Beckmann, Gerd, und *Schilling, Anton:*	Hörtraining, Thieme, Stuttgart, 1959.
Beckmann, Gerd:	Das hörgestörte Kind. Der gegenwärtige Stand der Pädoaudiologie aus oto-audiologischer Sicht; Archiv Ohren- usw. Heilk. u. Z Hals- usw. Heilk., 180, 1—202 (Kongreßbericht 1962).
Bloom, Freddy:	Our Deaf Children, Heinemann, London, 1963.
Büchli, M. J. C.:	Audiological Education; in: Proceedings of the International Course in Paedo-Audiology, Groningen, 1953.
Büchli, M. J. C.:	Audition — its basic skills in early childhood; in: Proceedings of the 2nd International Course in Paedo-Audiology, Groningen, 1961
Büchli, M. J. C.:	Audiological Education of Deaf Children; in: Proceedings of the 2nd International Course in Paedo Audiology, Groningen, 1961.
Carhart, Raymond:	Audiological Assessment of the Deaf Child; in. Proceedings of the Internatioal Congress on Education of the Deaf, Washington, 1963.
Dale, D. M. C.:	Applied Audiology for Children, Thomas, Springfield/Ill., 1962.
Davis, Hallowell:	Auditory Assessment from the Physiologist's Point of View; in: Proceedings of the International Congress on Education of the Deaf, Washington, 1963.
DiCarlo, Louis M.:	The Effect of Hearing One's Own Voice among Children with Impaired Hearing; in: Ewing, The Modern Educational Treatment of Deafness, Manchester, 1960.
Ewing, A. W. G.:	Educational Guidance and the Deaf Child, Manchester University Press, 1957.
Ewing, A. W. G. *& I. R.:*	New Opportunities for Deaf Children, London University Press, 1958.
Ewing, A. W. G.:	The Modern Educational Treatment of Deafness, Manchester University Press, 1960.
Ewing, A. W. G. *& E. C.:*	Teaching Deaf Children to Talk, Manchester University Press, 1964.
Fisch, L.:	Research in Deafness in Children, Blackwell, Oxford, 1964.
Griffiths, Ciwa:	The Auditory Approach for Pre-School Deaf Children; in: The Volta Review, 1964.

Hirsh, Ira J.:	Communication for the Deaf; in: Proceedings of the International Congress on Education of the Deaf, Washington, 1963.
Hofmarksrichter, Karl:	Principles of Hearing Training in the Development of Speech and Language; in: Ewing, The Modern Educational Treatment of Deafness, Manchester, 1960.
Hofmarksrichter, Karl:	Problems of Audition and the Use of Hearing Aids with the Hearing-Impaired Child, in· Proceed:n_s (f the In ern tional Congress on Education of the Deaf, Washington, 1963.
Hofmarksrichter, Karl:	Bedeutung des Gehörs für die Sprache und den Aufbau der Persönlichkeit; in: Arbeitstagung für Hörerziehung auf Burg Feuerstein, 1964.
Höfler, Franz:	Hörerziehung und Hörhilfen; in: N. Bl. f. Tbstbldg., 1962.
Johnson, J. C.:	Educating Hearing — Impaired Children in Ordinary Schools, Manchester University Press, 1962.
Kern, Erwin:	Theorie und Praxis eines ganzheitlichen Sprachunterrichts für das gehörgeschädigte Kind, Herder, Freiburg/Brsg., 1958.
Köble, Josef:	Die ersten zweieinhalb Jahre eines hörgeschädigten Knaben; in: N. Bl. f. Tbstbldg., 1965.
Ling, Daniel:	Implications of Hearing Aid Amplification Below 300 CPS; in: The Volta Review, 1964.
Löwe, Armin:	Sprachliche Erziehung vor dem 4. Lebensjahr durch Home-Training; in: N. Bl. f. Tbstbldg., 1958.
Löwe, Armin:	Unser gehörgeschädigtes Kleinkind — Anregungen zur Haus-Spracherziehung. Folge 1—13, Mülheim, 1959—1964
Löwe, Armin:	Pädoaudiologische Beratungsstelle für Eltern hörgeschädigter Kleinkinder; in: N. Bl. f. Tbstbldg., 1960.
Löwe, Armin:	Für und wider die frühkindliche Hörerziehung; in: Bericht XX. Tagung des Bundes Deutscher Taubstummenlehrer, Dortmund, 1961.
Löwe, Armin:	Haus-Spracherziehung für hörgeschädigte Kleinkinder, Marhold, Berlin, 1962[1], 1965[2].
Löwe, Armin:	Hörgeräte auch schon für Kleinstkinder; in: Schwerhörige und Spätertaubte, 1962.
Löwe, Armin:	Erfahrungen in der pädoaudiologischen Frühbetreuung hörgeschädigter Kleinkinder; in: Tagungsbericht Früherziehung hörgeschädigter Kleinkinder, Berlin, 1963.

Löwe, Armin:	Hörerziehung beim vorschulpflichtigen hörgeschädigten Kind; in: Arbeitstagung für Hörerziehung auf Burg Feuerstein, 1963.
Löwe, Armin:	Pädoaudiologische Beratungsstellen — Gestalt und Vollzug ihrer Arbeit; in: Arbeitstagung für Hörerziehung auf Burg Feuerstein, 1964
Löwe, Armin:	Sprachfördernde Spiele für hörgeschädigte Kleinkinder, Marhold, Berlin, 1964.
Löwe, Armin:	Hörgeräte und Höranlagen — Eine pädoaudiologische Wertung ihrer Einsatzmöglichkeiten; in: Arbeitstagung für Hörerziehung auf Burg Feuerstein, 1965.
Löwe, Armin:	Spracherziehung beim hörgeschädigten Kleinkind; in: Pädiatrie und Pädologie, 1966.
Löwe, Armin:	„Nur einmal wieder eine Nacht ungestört durchschlafen können...!" — Hörerziehung bei einem taubblinden Kind; in: hörgeschädigte kinder, SH 5, 1966.
Lowell, Edgar, and Stoner, Marguerite:	Play it by Ear!, Auditory Training Games, John Tracy Clinic, Los Angeles, 1960.
Myklebust, Helmer R.:	Auditory Disorders in Children, Grune & Stratton, New York, 1964.
Paziner, Karl:	Die Früherziehung gehörgeschädigter Kinder und die Verwendung technischer Hörhilfen; in: Erziehung und Schule in Theorie und Praxis, Beltz, Weinheim, 1960.
Pollack, Doreen:	Acoupedics — A Uni-Sensory Approach to Auditory Training; in: The Volta Review, 1964.
Pollack, Doreen, and Downs, Marion:	A Parents' Guide to Hearing Aids for Young Children; in: The Volta Review, 1964.
Reed, Michael:	Pre-School Guidance; in: Report RNID Conference London, 1960.
Robbins, Nan:	Auditory Training in the Perkins Deaf-Blind Department, Watertown/Mass., 1964.
Steinbauer, Hans:	Welche Hilfen bietet uns die moderne Technik?; N. Bl. f. Tbstbldg., 1952.
Steinbauer, Hans:	Der schulpraktische Einsatz der technischen Hilfsmittel in der Hörerziehung; N. Bl. f. Tbstbldg., 1954.
Steinbauer, Hans:	Grundsätze der Hörerziehung; in: Arbeitstagung für Hörerziehung auf Burg Feuerstein, 1963.
Streng, Alice, et al.:	Hearing Therapy for Children, Grune & Stratton, New York, 1955.

Uden, A. van:	Erfahrungsbericht über 3 Jahre Hauserziehung tauber Kleinkinder; N. Bl. f. Tbstbldg., 1959.
Uden, A. van:	Das gegliederte Ziel der Haus-Spracherziehung, ihre Organisation und ihre Methoden; in. Tagungsbericht Früherziehung hörgeschädigter Kleinkinder, Berlin, 1963
Watson, T. J.:	Some Factors Affecting the Successful Use of Hearing Aids by Deaf Children; in: Ewing, The Modern Educational Treatment of Deafness, Manchester, 1960.
Wedenberg, Erik:	Auditory Training of Severely Hard of Hearing Pre-School Children; Acta Oto-Laryngologica, Stockholm, 1954.
Whetnall, Edith:	Clinics for Children Handicapped by Deafness; in: Ewing, The Modern Educational Treatment of Deafness, Manchester, 1960.
Whetnall, Edith:	Use of Hearing by Deaf Children; in: Proceedings of the International Congress on Education of the Deaf, Washington, 1963.
Whetnall, Edith, and Fry, D. B.:	The Deaf Child, Heinemann, London. 1964.
Whitehurst Mary W:	Auditory Training for Children; Hearing Rehabilitation, East Meadow, N. Y., 1959.
Whitehurst, Mary W.:	Integration of Auditory Training and Lipreading; in: The Volta Review, 1964.

Ergänzungen zum Literaturverzeichnis

Braun, A.:	Hören als Lernproblem für resthörige Kinder im Vorschulalter und Schulalter. Kettwig 1969.
Löwe, A.:	Hörerziehung für hörgeschädigte Kinder: gestern — heute — morgen; in: Vierteljahreszeitschrift für Heilpädagogik, 48 (1979).
Löwe, A.:	Pädoaudiologische Probleme bei der Untersuchung und pädagogischen Förderung taubblinder Kinder; in: Hörgeschädigtenpädagogik, 34 (1980).
Löwe, A.:	Hörerziehung für hörgeschädigte Kinder: Vergangenheit — Gegenwart — Zukunft; in: Audio-Technik, Heft 31 (1980).
Löwe, A. und P. Billich:	Hörhilfen für hörgeschädigte Kinder. Berlin 1979.
Signer, M.:	Hörtraining bei auditiv differenzierungsschwachen Kindern. Bern, Stuttgart 1979.

D. Bildnachweis

Fotos von Walter Schuler: Bild 1—5
Zeichnungen von Moritz Schiller: Bild 11, 45 und 46
Mit freundlicher Genehmigung der Verfasser
dem Buch „Play it by Ear!" entnommen: Bild 10, 12—44, 47—49

Neu bei Marhold

Charles van Riper/ John V. Irwin
Artikulationsstörungen
Diagnose und Behandlung
4. Auflage, Aus dem Englischen,197 Seiten, mit 33 Abb., Kart., DM 38,-
ISBN 3-89166-634-9

Auf dem Gebiet der Sprachstörungen hat sich diese Veröffentlichung seit Jahren bewährt. Wissenschaftliche Ergebnisse werden mit gleicher Präzision vorgestellt wie die Diagnose der Sprachstörungen und ihre Ursachenerhellung. Den Schwerpunkt der Darstellung bilden jedoch die therapeutischen Maßnahmen.
So zeichnet das Werk sich dadurch aus, daß es unter voller Berücksichtigung der wissenschaftlichen Erkenntnisse immer so praxisbezogen bleibt, daß es für jeden, der sprachgestörte Kinder zu betreuen hat, eine unentbehrliche Informationsquelle ist. Inzwischen hat es sich als Standardwerk durchgesetzt, das nicht nur Lehrer an Sprachheilschulen erfolgreich nutzen, sondern auch Sonderschullehrer, Ärzte und Kindergärtnerinnen.

Manfred Grohnfeldt
Störungen der Sprachentwicklung
5. Auflage, IX, 313 Seiten, mit 7 Abb., Kart., DM 38,-
ISBN 3-89166-450-8

Diese umfassende Darstellung informiert über ein vorrangiges Aufgabengebiet in der Sprachbehindertenpädagogik und Logopädie. Ausgehend von der normalen Entwicklung der Kindersprache wird auf Störungen der Sprachentwicklung eingegangen, die häufig mit Auffälligkeiten der Wahrnehmung, Motorik, des Denkens und Verhaltens einhergehen. Dazu erfolgt eine genaue Beschreibung der Störungsphänomene und ihrer mögliche Ursachen.
Diesem Konzept entsprechend werden detaillierte Maßnahmen zur Diagnose und Therpie aus ganzheitlicher Sicht dargestellt. Es schließen sich Aussagen zur Frühförderung und Beschulung sprachauffälliger Kinder an.
Das Buch ist für den Wissenschaftler wie den Praktiker gleichermaßen von wegweisendem Interesse.
„Fazit: Ein exakt aufgearbeitetes Sammelwerk einschlägiger diagnositscher und therapeutischer Techniken (über 400 relevante Titel im Literaturverzeichnis!), eine wertvolle Hilfe also in der Praxis und für das Studium." *(Die Sprachheilarbeit)*.

Arbeitsgemeinschaft Erzieher bei Hörgeschädigten (Hrsg.)
Die Arbeit der Erzieherinnen und Erzieher mit Hörgeschädigten
Ein vielseitiger pädagogischer Aufgabenbereich abseits des öffentlichen Interesses.
Mit einem Geleitwort von Dr. Herbert Feuchte
68 Seiten, Kart., DM 12,-
ISBN 3-89166-413-3

Das vorliegende Heft bietet eine Fülle an Informationen. Am Beispiel der Arbeit mit hörgeschädigten Menschen wird unter anderem geschildert, wie der Arbeitsalltag der Erzieher/innen in verschiedenen Institutionen aussieht, worin sie ihre Aufgaben sehen - insbesondere auch in Bezug zu den anderen wichtigen pädagogischen Instanzen Elternhaus und Schule -, mit welchen Mitteln sie ihre pädagogischen Ziele verfolgen, wie sie für ihre Arbeit ausgebildet werden und wie ihre Arbeitsbedingungen sind.

Eva Maria Engl, Anneliese Kotten, Ingeborg Ohlendorf und Elfi Poser
Sprachübungen zur Aphasiebehandlung
Ein linguistisches Übungsprogramm mit Bildern
3. Auflage, in 4 Teilen:
Teil 1 u. 2: Textbände; XVI, 396 S., DIN A 5. Teil 3: Block mit Übungsbildern (Gegenstands- u. Situationsbildern). 52 S. DIN A 4. Teil 4: Vergrößerte Buchseiten mit Lückentexten; als Arbeitsblätter, 48 S., DIN A 4, DM 65,-
ISBN 3-89166-426-5

„Dieses von vielen Therapeuten mit Interesse erwartete Buch" macht den Anfang einer Monographienreihe, die es zum Ziel hat, „sprachtherapeuthisch arbeitenden Praktikern anwendungsreife Therapiemethoden und -materialien zu vermitteln". Als Ergebnis interdisziplinärer Zusammenarbeit von Fachtherapeuten verschiedener Reha-Kliniken wird hiermit erstmals ein linguistischdidaktisch strukturiertes Programm zur Therapie von Patienten mit zentralen Sprachstörungen veröffentlicht.
Das Buch bietet Übungseinheiten, die durch gezielte Steigerung der Schwierigkeit auf die unterschiedlichsten Symptome abgestimmt werden können.
"Jeder Übung geht eine genaue Beschreibung voraus. Es werden Hinweise gegeben z.B. auf Übungsziel und -verlauf, Fehlerquellen, Variationsmöglichkeiten. ... Ein anregender Anfang in der Veröffentlichung praxisnaher Materialien." *(Sprache - Stimme - Gehör)*.

EDITION MARHOLD
IM WISSENSCHAFTSVERLAG
VOLKER SPIESS
POSTFACH 3046 1000 BERLIN 30